Suhrkamp BasisBiographie 30 **Romy Schneider**

Leben Werk Wirkung

Thilo Wydra, 1968 in Wiesbaden geboren, studierte Komparatistik, Germanistik, Kunstgeschichte und Filmwissenschaft in Mainz und Dijon (Burgund). Seit 1998 lebt und arbeitet er als freier Journalist (*Der Tagesspiegel, Filmecho/Filmwoche, BR-online* u. a.) und Autor überwiegend in München. Zu seinen Buchpublikationen zählen unter anderem *Volker Schlöndorff und seine Filme* (München, 1998), *Margarethe von Trotta – Filmen, um zu überleben* (Berlin, 2000), *Rosenstraße – Die Geschichte. Die Hintergründe. Die Regisseurin* (Berlin, 2003). Seit Ende 2004 ist er Deutschland-Korrespondent der Filmfestspiele von Cannes.

Romy Schneider

Suhrkamp BasisBiographie
von Thilo Wydra

Für UW und MvT

Suhrkamp BasisBiographie 30 Erste Auflage 2008 Originalausgabe
© Suhrkamp Verlag Frankfurt am Main 2008
Druck: Clausen & Bosse, Leck · Printed in Germany
Umschlag: Hermann Michels und Regina Göllner
ISBN 978-3-518-18230-7
Die Schreibweise entspricht den Regeln der neuen Rechtschreibung, Zi-
tate werden in ihrer ursprünglichen Rechtschreibung belassen.

1 2 3 4 5 6 − 13 12 11 10 09 08

Inhalt

»Weil es halt nicht so einfach ist, davonzurennen«: Der Star – Die Suchende

Am 29. Mai 1982, etwa gegen sieben Uhr morgens, wacht Laurent Pétin auf und bemerkt, dass das Bett neben ihm leer ist. Er steht auf, geht durch die Pariser Wohnung und findet seine Lebensgefährtin schließlich an ihrem Schreibtisch sitzend, ein Arm hängt über die Lehne, berührt beinahe den Boden. Daneben eine leere Flasche Rotwein, ein voller Aschenbecher. Auf dem Schreibtisch ein handschriftlich begonnener Brief. Doch die Frau ist nicht beim Schreiben eingeschlafen. Sie ist tot, mit gerade einmal 43 Jahren an Herzversagen gestorben, wie es später heißt. Ihr Name ist Romy Schneider.

Dass Romy Schneider zum Mythos geworden ist, liegt tragischerweise auch an ihrem viel zu frühen Tod, über den die Presse seinerzeit heftigste Spekulationen anstellte, bis hin zum Verdacht auf Selbstmord. Ganz ähnlich wie etwa im Falle von Marilyn Monroe oder James Dean, von Elvis Presley oder Lady Di wurde ihr Tod mystifiziert, glorifiziert. Von einem Mythos geht Faszination aus, die des Unerreichbaren und Singulären. Und Romy Schneider war, ist singulär. Sie lebt in den Köpfen der Menschen weiter. Ende 2006 wurde sie in einer ZDF-Sendung bei der Wahl der 50 deutschen Lieblingsschauspieler vom Fernsehpublikum nach ihren männlichen Kollegen Heinz Rühmann und Mario Adorf als erste Frau auf Rang drei gewählt. Auch das gehört zum Mythos: Er macht die Person unsterblich. Zu Weihnachten etwa werden alljährlich im Fernsehen die drei *Sissi*-Filme wiederholt, die sie zu Beginn ihrer Karriere in den Jahren 1955 bis 1957 drehte. Und die Menschen schalten ein, millionenfach. Für das große Publikum war Romy Schneider – »unsere Romy« – auch immer Sissi. Doch die Schauspielerin selbst sah das ganz anders: »Ich hasse dieses Sissi-Image. Was gebe ich den Menschen schon, außer immer wieder Sissi. Sissi? Ich bin doch längst nicht mehr Sissi, ich war das auch nie. Ich bin eine unglückliche Frau von 42 Jahren und heiße Romy Schneider« (IR, S. 320), sagt sie ein Jahr vor ihrem Tod.

Das Werk der am 23. September 1938 in Wien geborenen Romy Schneider umfasst 58 Filme. Mit 14 stand sie zum ersten Mal vor der Kamera; an der Seite von Willy Fritsch, ihrer Mutter Magda Schneider und des jungen Götz George drehte sie in Wiesbaden *Wenn der weiße Flieder wieder blüht* (1953). Sie spielte unter der Regie von solchen Größen wie etwa Luchino Visconti, Fritz Kortner, Helmut Käutner, Orson Welles, Joseph Losey, Claude Chabrol oder Bertrand Tavernier in großen, internationalen Kinoproduktionen wie *Der Prozeß* (1962), *Der Swimmingpool* (1968), *Ludwig II.* (1972), *Die Unschuldigen mit den schmutzigen Händen* (1974) oder *Das Verhör* (1981). Und gleich fünfmal bat Altmeister Claude Sautet sie vor die Kamera und machte sie an der Seite von Michel Piccoli und Yves Montand auch in ihrer Wahlheimat Frankreich zum Star. Der wunderschöne melancholische Liebes- und Lebensfilm *Die Dinge des Lebens* (1969) zählt wohl zu Sautets besten Arbeiten und zu Schneiders intensivsten Darstellungen überhaupt. Bei Sautet beginnt sie, den Typus der modernen, emanzipierten – dabei nie feministischen – Frau zu entwickeln.

Doch wirklich erfüllt war der Star dennoch nicht; die eigene Innenwahrnehmung und die fremde Außenwahrnehmung deckten sich keineswegs. Es waren vielmehr zwei disparate Welten. Ohnehin scheint es zehn Wahrheiten über Romy Schneider zu geben. Auch dies ein Phänomen. Jeder wirklich oder eben auch nur vermeintlich ihr Nahestehende hat seine Wahrheit, seine Romy. Eine absolute Wahrheitsfindung über die Person Romy Schneider scheint unmöglich. Sie war eine Suchende, eine Haltlose, eine Wandernde, eine Einsame, eine Unverstandene. Eine, die mit sich selbst kaum zurechtkam. Eine, die sich überall fremd fühlte, die mehrfach zwischen Deutschland und Frankreich hin- und herzog. »Fremd bin ich eingezogen, fremd zieh' ich wieder aus« – die ersten Zeilen aus Schuberts Vertonung der Müller'schen *Winterreise* könnten auch leitmotivisch für ihr Leben stehen. Tabletten, Zigaretten, Alkohol und diverse Affären und Liebschaften mit Männern, angeblich mit Frauen auch, sollten ihr den Halt geben, den sie weder in sich selbst noch bei anderen fand. Ihr

Leben war ein Leben in Haltlosigkeit, auf der ständigen Suche nach Anerkennung und Bestätigung, nach Liebe, nach Geliebtwerden um jeden Preis, und sei er auch noch so hoch. Himmelhoch jauchzend – zu Tode betrübt.

Ihre Ehen mit Harry Meyen und Daniel Biasini scheiterten ebenso wie ihre mehrjährige tragisch-leidenschaftliche Verbindung mit dem Schauspielerkollegen Alain Delon. Aus den beiden Ehen gingen die Kinder David und Sarah hervor. Von dem schicksalhaften Jahr 1981 sollte sich Romy Schneider schließlich nicht mehr erholen: Nierenoperation aufgrund eines Tumors, Scheidung von Daniel Biasini, Unfalltod ihres erst 14-jährigen Sohnes David. Sie initiierte noch das Projekt *Die Spaziergängerin von Sans-Souci* (1982), das unfreiwillig zu ihrem filmischen Vermächtnis wurde, zu ihrem letzten Film überhaupt. »Ich bin zu kaputt, um mich richtig zu wehren«, sagt sie zu dieser Zeit. In diesem Satz ist alles enthalten.

Als ihr letzter Lebensgefährte Laurent Pétin sie an jenem Morgen am Schreibtisch findet, da muss ihr Herz zuvor einfach aufgehört haben zu schlagen. Sie sei »an gebrochenem Herzen« gestorben, heißt es später. Zu viel wurde ihr zugemutet und abverlangt und angehängt. Ruhm und Presserummel und Verleumdungen ertrug sie nicht mehr. Ihr Leben wurde ausgeschlachtet, ausgebeutet – seelisch, finanziell, medial. Eine Ausbeutung, die sie jedoch auch selbst zuließ, da sie keine Grenzen zog, alles an sich heranließ, durchlässig war. Da wird das Opfer zugleich zum Täter. Es war ein Leben voller schwerer Schicksalsschläge, voller Trennungen, Verluste, Abschiede.

Gewissermaßen anonym, so wie sie es bestimmt hatte, liegt sie unter ihrem bürgerlichen Namen Rosemarie Albach auf dem Friedhof des kleinen Dorfes Boissy-sans-Avoir begraben, 50 Kilometer westlich von Paris. Eine Romy Schneider findet der suchende Friedhofsgänger hier nicht. Das sagt viel über diese Frau aus. Über einen Menschen, der zum deutschen Weltstar wurde und dies auf sich selbst überhaupt nicht anwenden, es nicht leben konnte. Über eine auch scheue, dabei so anmutig schöne und auch lebensfrohe Frau, hochverletzlich und empfindsam, die vielleicht zu gutgläubig blieb, um dem Druck standzuhalten, der auf sie ausgeübt wurde. Und so unerfüllt ihr das eigene Leben auch immer erschien, so sehr wurde sie gerade durch ebendieses kurze intensive Leben zum Mythos, zur Legende, die bis heute ungebrochen fortlebt.

Romy Schneider gilt gemeinhin als die beliebteste Schauspielerin deutscher Sprache überhaupt. Eine allzu späte Wiedergutmachung vielleicht.

Leben

Als Magda Schneider und Wolf Albach-Retty sich im historisch so unheilvollen Jahr 1933 in der Schweiz begegnen, da treffen sich zwei Menschen, die zwar aus sehr unterschiedlichen Familien stammen, doch beide denselben Beruf ausüben – den des Schauspielers, des unbehausten Künstlers. Albach-Rettys Mutter Rosa (1874-1980), die 105 Jahre alt wurde, war seinerzeit ein Urgestein des österreichischen Theaterschauspiels: Sie stand eine ganze Lebenszeit in Wien auf den Brettern, die die Welt bedeuten, von 1903 bis 1958 war sie Ensemblemitglied am renommierten Burgtheater. Sie war die Letzte, die den Titel »k. u. k. Hofschauspielerin« tragen durfte. Und ganz ähnlich wie ihre Enkelin Romy später sah man die junge Rosa bereits 1890 erstmals auf einer Bühne, da war sie gerade 15 Jahre alt. So öffnen und schließen sich Kreise. Rosa Albach-Retty war verheiratet mit Karl Albach, seinerzeit vor der Ehe noch Leutnant und Offizier Kaiser Franz Josephs, später Jurist. Sie stand zudem seit den frühen dreißiger bis Mitte der fünfziger Jahre für diverse Kinofilme vor der Kamera, von *Geld auf der Straße* (1930) und *Hotel Sacher* (1939) über *Die heimliche Gräfin* (1942) bis hin zu *Der Kongreß tanzt* (1955). In *Hotel Sacher* und *Die heimliche Gräfin* etwa spielten sie beide, Mutter Rosa Albach-Retty und ihr Sohn Wolf. Dieser wiederum wirkt zwischen 1927 und 1965 in etwa 100 Filmen mit, ein Vieldreher, ein Workaholic, ein galanter unsteter Gentleman mit Wiener Charme, ein Frauenschwarm mit nur recht wenig Sinn für Familiäres. Am 21. Mai 1906 geboren, entschließt sich der junge Wolf nach einem ihn nicht erfüllenden Chemiestudium, Schauspieler zu werden, der Mutter zu folgen. Die Eltern akzeptieren den Wunsch ihres Sohnes, und so meldet Rosa ihren Wolf am Max-Reinhardt-Seminar in Wien an. Nach einigen Auftritten in verschiedenen Stücken am Burgtheater, auch an der Seite seiner berühmten Mutter, entdeckt ihn ein Ufa-Produzent. Er wird beim Film engagiert, dreht oft und viel in Berlin. Als er 1933 in der Schweiz *Kind, ich freu' mich auf Dein Kommen* dreht, lernt er Magda Schneider kennen. Auch sie steht in Kurt Gerrons Film vor der Kamera, just als sie durch ihre Hauptrolle in Max Ophüls' *Liebelei* (1933) einen Erfolg erfahren hat, der sich so nicht mehr wiederholen wird. Die Rolle der Christine Weyring dürfte für Magda Schneider die Rolle ihres Lebens sein. 25 Jahre später wird ihre Tochter Romy in dem französischen Remake *Christine* (1958), bei dessen Dreharbeiten sie Alain Delon kennen- und lieben lernt, die Rolle spielen, die ihre Mutter unter Ophüls' Regie interpretierte. Magda Schneider, am 17. Mai 1909 in Augsburg geboren, wächst in einem Internat auf, bevor sie im Alter von 16 Jahren eine Ballettschule besucht. Den Unterricht finanziert sie sich, indem sie als Sekretärin arbeitet. Nach einem Engagement als Operettensängerin am Gärtnerplatz-Theater in München und der wegweisenden Begegnung mit Regisseur Ernst Marischka wird auch Magda Schneider von der Ufa für den Film verpflichtet und dreht in Berlin. Von 1930, ihrem Debüt in *Boykott*, bis 1962 spielt sie in rund 60 Filmen mit. Magda Schneider und Wolf Albach-Retty drehen Film auf Film, mal getrennt, mal zusammen. Sie pendeln zwischen Berlin, Wien und Berchtesgaden. Es ist ein rastloses, ruheloses Leben.

Geburt in Wien Am 23. September 1938 wird Rosemarie Magdalena Albach abends um etwa 22 Uhr in einer Wiener Klinik geboren, an einem Freitag. Ihr erster Vorname setzt sich aus den Vornamen ihrer Großmütter zusammen, Wolfs Mutter Rosa und Magdas Mutter Maria. Rosemarie, die sehr bald schon Romy gerufen wird, ist das erste von zwei Kindern des seit Mai 1937 verheirateten bekannten Schauspielerpaares. Romys jüngerer Bruder Wolf-Dieter – Wolfi gerufen – kommt am 21. Juni 1941 zur Welt. Bereits im

Magda Schneider und Wolf Albach-Retty am Tag ihrer Hochzeit

auf Romys Geburt folgenden Monat, im Oktober 1938, verlässt die Familie Österreich und zieht nach Deutschland, zieht von Wien ins bayerische Schönau bei Berchtesgaden um. Das leuchtende und doch so braune München ist nicht weit vom oberbayerischen Idyll entfernt. Dort in Schönau, inmitten der Berge gelegen, wächst Romy bei ihren Großeltern mütterlicherseits, Maria und Franz Xaver Schneider, in dem 1936 erbauten Landhaus »Mariengrund« auf. Das mehrgeschossige großzügige Haus mit Garten, in dem Magda Schneider bis zu ihrem Tod 1996 lebte, existiert noch heute. 1943 trennen sich Romys Eltern, 1945 lassen sie sich schließlich auch scheiden. Vater Wolf Albach-Retty ist nun mit der Schauspielerin Trude Marlen zusammen. Romy hat in diesem Sinne ihre Kindheit nie wirklich in einem intakten Elternhaus verbracht. Im September 1944 wird sie in Berchtesgaden eingeschult, vier Jahre besucht sie dort die Schule, bis sie erst auf ein Mädchenpensionat in Gmunden bei Bad Ischl kommt und nach einem dort unglücklich verbrachten Jahr schließlich aufs Internat.

Von »Mariengrund« ist der Blick nahezu frei hinüber zum Obersalzberg, wo hoch oben auf dem Plateau Adolf Hitlers Adlerhorst thront. Hier, unweit des romantisch gelegenen Königssees – wo Magda und Wolf nach der standesamtlichen Trauung in Berlin schließlich im August 1937 auch kirchlich geheiratet haben –, wird das Schicksal Europas zum Teil verhandelt, nachdem im März 1938 Hitlers Einmarsch in Wien den »Anschluss« Österreichs an das Deutsche Reich bedeutete. Adolf Hitler empfängt auch die Schauspielerin Magda Schneider auf dem Berghof des Obersalzbergs, es existieren Fotos und Filmaufnahmen von ihren Begegnungen aus dem Jahr 1941 (vgl. Amos 1999, S. 69). Was war das für eine Art des Kontaktes zwischen dem Reichskanzler und der populären Schauspielerin? »Ich glaube, meine Mutter hatte eine Affäre mit Hitler« (*BILD*, 8. September 1998), lautet später die sich auf ein Romy-Schneider-Zitat beziehende ambivalente Überschrift eines Artikels über Alice Schwarzers 1998 erschienenes Buch *Romy Schneider – Mythos und Leben*, das auf nur einem einzigen im Dezember 1976 in Köln geführten Interview der *Emma*-Herausgeberin mit der Schauspielerin basiert. Hitler ging bereits zu Magda Schneiders Münchner Theaterzeit Ende der zwanzi-

»Mariengrund«

Die Mutter mit der Tochter: Magda und Romy Schneider

ger Jahre regelmäßig in die Oper, in das Theater am Gärtnerplatz. Wie es heißt, auch, um sie dort zu sehen: »Er saß regelmäßig in der ersten Reihe und schickte Blumenbouquets in die Garderobe. ›Ich hoffe, Sie wissen, daß ich damals in München nur Ihretwegen ins Theater gegangen bin‹, soll der Führer seinem Star anvertraut haben.« (Schwarzer 1998, S. 36) Magda Schneiders wie auch immer zu benennende Haltung zu Adolf Hitler mag neben Privatem einer der Gründe dafür gewesen sein, dass der Österreicher Wolf Albach-Retty sich Anfang der Vierziger zusehends von Berchtesgaden fernhielt.

Im Alter von zehn Jahren kommt Romy 1949 nach ihrem Jahr in Gmunden auf das am Rande des Städtchens Elsbethen in der Nähe von Salzburg gelegene katholische Mädcheninternat **Internat Schloss Goldenstein** Schloss Goldenstein, das von Augustiner-Ordensschwestern geführt wird. Steht man vor diesem mittelalterlich-monströs anmutenden Gebäude, so wirkt es wie eine Trutzburg, wie eine Festung. Kein Ort, der heimelige Wärme ausstrahlt oder verlässliche Geborgenheit vermittelt. Kein Ort, der adäquaten Ersatz für familiären Halt bietet. Auf einer an der vorderen Hofmauer angebrachten Inschrift heißt es: »Ob Sonnenschein,

ob Nacht und Sturm, der Herr ist uns ein starker Thurm. Erbaut im J. 1882.« – Die Adresse vorne am Grundstückseingang lautet »Mädchenhauptschule, Internat, Schloß Goldenstein, Goldensteinstr. 2«. Streng wirken diese steinernen Inschriften und Schilder. Hier verbringt Romy vier Jahre, von Juli 1949 bis Juli 1953. Hier wächst sie ohne ihre Eltern auf. Ihre Mutter besucht sie in dieser Zeit einige wenige Male. Ihr von ihr

Ausschnitt aus einer Weihnachtspostkarte des Mädchenpensionats Schloss Goldenstein so verehrter, idealisierter Vater kommt nicht ein einziges Mal nach Goldenstein, und sie vermisst ihn sehr. Der Schmerz über die anhaltende Abwesenheit des Vaters gehört zu den existentiellen Erfahrungen, die ihr Leben prägen.

Unter der Ägide von Internatsleiterin Theresa sowie Schwester Augustina, die Romys Klasse in nahezu allen Fächern unterrichtet, verbringt Romy in der religiösen Einrichtung viel

Zeit, mehr als viele ihrer Mitschülerinnen, die von ihren Eltern besucht werden oder einmal im Monat zu ihnen reisen können. Wenn die anderen Mädchen zu ihren Eltern fahren, bleibt Romy allein auf dem Schloss zurück. Das längst in ihr grundierte Gefühl der Einsamkeit muss in dieser Zeit weiter gewachsen sein, ebenso wie der Hang zur Melancholie, zum Depressiven auch. Zugleich aber fällt sie durch ihr fröhliches, herzliches und offenes Naturell auf, durch ihr Temperament und ihre Zugänglichkeit. Tagsüber wird im mit wenigen Holzmöbeln ausgestatteten Klassenzimmer gelernt, und schnell entwickelt Romy ihre Stärken in den Fächern Englisch und Kunst sowie ihre Aversion gegen das Naturwissenschaftliche, die Mathematik vor allem. Sie zeichnet gern, hat musisches Talent und fertigt durchaus gelungene Holzmalereien an. Nachts schläft Romy zusammen mit einem Dutzend anderer Mädchen im großen Schlafsaal. Sie ist eine von ihnen. Sie ist zwar die Schauspielertochter, doch sie wird sowohl von den Ordensschwestern als auch von ihren Mitschülerinnen behandelt wie alle anderen auch. Gerade diese Gleichbehandlung mag ihr die Kraft für diese vier Jahre gegeben haben.

»Ihre Eltern hatten gerade das Scheidungsverfahren eingeleitet, und Romy war sich selbst überlassen. Magda Schneider setzte ihre Tournee fort und besuchte nur selten ihre Tochter. [...] Sie fühlte sich am besten, wenn sie spielte. Wenn ich sagte: jetzt werden wir spielen, begannen ihre Augen sofort zu glänzen. Sie sprang hoch und schrie vor Freude laut auf. Wenn keine Aufführung in Sicht war, zeigte sie sich verstimmt und hatte schlechte Laune.« (Schwester Augustina über die Schülerin Romy; zit. n. *Paris Match*, 6. August 1982)

Am meisten geht Romy im Spielen von Theaterstücken auf. Das ist ihre Sache, ihr »Metier«. Sie hat einen regelrechten Drang zum Spiel. Sie liest die klassischen Dramen, lernt die Rollen auswendig und führt sie in der Aula auf. Während des Spiels ist sie kaum mehr ansprechbar, ist wie autistisch, spürt und fühlt nur noch die Figur. Das wird sich zeitlebens nicht mehr ändern. Sie spielt nicht nur ihre jeweilige Rolle, sie *ist* sie auch. Im Internat sind es Rollen wie Shakespeares Hamlet oder die des Mephisto, es sind Männerrollen, die sie besonders interessieren. Als sie von ihrer Mutter ein Tagebuch in rotem Ledereinband geschenkt bekommt, beginnt sie darin aufzuschreiben, was sie bewegt. »Peggy«, wie sie es liebevoll nennt, wird zu ihrer Ansprechpartnerin und Vertrauten, zu dem, was ihr im realen Leben dauerhaft fehlt.

Im Juli 1953 verlassen die Mädchen das Internat, ihre Wege zerstreuen sich in alle Himmelsrichtungen, es ist ein Abschied. Eine Zeitlang hält Romy weiter brieflich Kontakt zu Schwester Augustina, so lange, wie sie noch in Deutschland arbeitet. Als sie nach Frankreich geht, bricht der Kontakt ab. Die Sommerferien des für Romy wegweisenden Jahres 1953, die ihre letzten dieser Art sind, verbringt sie in Schönau, zuhause in »Mariengrund«, mit ihrem Bruder Wolfi, ihrer Mutter und dem neuen Mann in deren Leben, Hans-Herbert Blatzheim, mit dem Magda inzwischen verheiratet ist. Seit 1934 kennt Magda Schneider diesen Mann, der fremd in Romys Leben tritt. Der gesetzte Kölner Geschäftsmann und Gastronom Blatzheim, er hat so gar nichts gemein mit Romys leiblichem Vater Wolf. Sie steht ihm distanziert gegenüber, versucht ihn aber dennoch zu akzeptieren. Sie nennt ihn »Daddy«, auch weil dieser sie darum bittet, und erst später reserviert den »zweiten Mann meiner Mutter«.

Bald schon, im Herbst noch, ist es mit dem eher beschaulichen Leben für die junge Romy vorbei: Für September ist sie bereits an der Kölner Kunstgewerbeschule eingetragen. Sie liebt es doch, zu zeichnen, liebt Kostüme, könnte vielleicht

»Wenn ich doch bloß schon wüßte, ob sie mich nun nehmen für den Film oder nicht. Ich hatte mir eigentlich vorgestellt, daß alles einfacher gehen würde. Es ist eine nervenaufreibende Geschichte, Filmschauspielerin zu werden.
Vielleicht sollte ich doch lieber auf eine Kunstgewerbeschule gehen und dort Teller bemalen und das machen, von dem ich schon vorher weiß, daß es mir Spaß macht und vor allen Dingen, daß es einfach ist. Filmen ist nicht einfach!« (Romy Schneider in ihrem Tagebuch am 4. September 1953; IR, S.61)

Leben

Modezeichnerin werden, Kleider entwerfen, später einmal in der Modebranche tätig sein. Der Zufall will es, dass sie sich entscheiden muss zwischen ihren zwei Passionen: Zeichnen oder Spielen. Und sie entscheidet sich.

Als Magda Schneider während jener Sommerferien in München von Produzent Kurt Ulrich die weibliche Hauptrolle in Hans Deppes *Wenn der weiße Flieder wieder blüht* angeboten bekommt – ihr letzter Dreh zu *Die Sterne lügen nicht* (1950) ist inzwischen drei Jahre her –, da fehlt noch immer die Besetzung für Magdas Filmtochter Evchen. Magda Schneider fällt ihre eigene Tochter ein. Romy, warum eigentlich nicht Romy?! Nach ersten Probeaufnahmen und etwas Wartezeit bekommt die 14-Jährige denn auch die Rolle des Evchens, ohne jemals Schauspielunterricht gehabt zu haben. Die Dreharbeiten zu Romys Debütfilm *Wenn der weiße Flieder wieder blüht* **Der erste Film** finden schließlich ab September in Wiesbaden, München und Berlin statt; Romy wird in den Titeln noch als Romy Schneider-Albach geführt, als Dritte, direkt hinter Willy Fritsch und Magda Schneider. In insgesamt acht Filmen werden Mutter und Tochter Schneider Seite an Seite spielen, Rolf Thieles *Die Halbzarte* (1958) wird schließlich ihr letzter gemeinsamer Film sein. Für die Tochter ist die ununterbrochene Nähe und Obhut der Mutter, die zunehmend über deren Handeln und Tun, über Verträge und Projekte wacht und entscheidet, Segen und Fluch gleichermaßen, Protektion und Gefängnis in einem.

Zu dieser Zeit schreibt Wolf Albach-Retty seiner Tochter Romy einen Brief. Da schreibt der von seiner Tochter liebevoll-verspielt »Papili« genannte Vater an seine von ihm »Mausili«

»Magda Schneider war eine relativ einfache Frau. Sie war zu einer anderen Zeit aufgewachsen, und sie hatte vielleicht von der Gefährlichkeit so mancher Aussagen in verschiedenen Boulevardblättern wenig Ahnung. Romy hatte ein sehr zärtliches Verhältnis zu ihrer Mutter. Und ich weiß, dass die Romy, egal wie ambivalent das Verhalten von der Magda war, ihre Mutter geliebt hat.« (Senta Berger über Magda Schneider; Gespräch mit dem Autor, November 2007)

gerufene Tochter, wie stolz er doch auf sie sei und dass er sie zur jungen Filmlaufbahn beglückwünsche. Es ist freilich ein ungelenker Versuch, ihr in seiner Abwesenheit Mut zu machen, sie zu bestärken in dem, was sie tut: filmen, spielen. Aber er legt dem Brief einen Zettel bei, auf dem er ein leicht variiertes Zitat notiert, eines von Max Reinhardt, aus dessen *Rede über den Schauspieler*: »Steck Deine Kindheit in die Tasche und renne davon, denn das ist alles, was Du hast.« Die Worte »Deine Kindheit« unterstreicht Romy. Sie wird diesen Zettel niemals weggeben. Sie wird ihn stets aufbewahren, wird ihn oftmals bei sich tragen.

Statt einer Jugend: *Sissi*, *Sissi* und nochmals *Sissi* (1954-1957)

Es vergeht nicht allzu viel Zeit, da steht Romy im Anschluss an ihr Schauspieldebüt bereits für ihren zweiten Film vor der Kamera. Sie wird von jetzt an nur mehr Romy Schneider genannt. In Kurt Hoffmanns *Feuerwerk* spielt sie – ohne ihre Mutter – an der Seite der ursprünglich aus Posen stammenden Emigrantin Lilli Palmer, die hier nach ihrem Exil in den USA erstmals wieder in einer deutschen Produktion mitwirkt. Für beide Darstellerinnen wird Hoffmanns im Zirkusmilieu angesiedelter Musikfilm ein Erfolg. Das Lied, das Lilli Palmer als Zirkusdirektorin Iduna singt, *Oh mein Papa*, wird zum eingängigen Hit. Mit dem jungen Claus Biederstaedt erlebt sie hier ihren ersten Filmkuss, den Regisseur Hoffmann gleich mehrfach proben ließ. Zuvor, im Frühjahr 1954, kommt Romy zunächst in die engere Auswahl für eine Nebenrolle in Arthur Maria Rabenalts *Der Zigeunerbaron*. Doch die Rolle wird letztlich mit Waltraut Haas besetzt. Jene Produktion, in der Romy schließlich im Spätsommer tatsächlich mitwirkt, legt den entscheidenden Grundstein für all die darauffolgenden kaiserlich-königlichen Klischeeklamotten der kommenden Jahre: Regisseur Ernst Marischka, ohnehin ein langjähriger Freund der Familie, gibt Romy bei einem Treffen in München die Hauptrolle der englischen Kö-

»Ich weiß, daß ich in dieser Schauspielerei aufgehen kann. Es ist wie ein Gift, das man schluckt und an das man sich gewöhnt und das man doch verwünscht.« (Romy Schneider in ihrem Tagebuch am 20. Mai 1954; IR, S. 73)

nigin Victoria in *Mädchenjahre einer Königin*. Mit ihr spielen
Adrian Hoven als Prinz Albert von Sachsen-Coburg, Paul
Hörbiger und Magda Schneider, gedreht wird im wenig bri-
tischen Wien auf Schloss Belvedere und in den Wiener Ateliers von Sievering. Pünktlich zu Weihnachten 1954 kommt
dieser Film, so wie später alle drei *Sissi*-Teile auch, in die Kinos. *Mädchenjahre einer Königin* wird ein Erfolg, auch das aus
Mutter und Tochter bestehende Schneider-Duo kommt beim
Publikum gut an, und so setzt Marischka weiterhin auf diese
Karte. Und für die junge Romy sollen es nun alljährlich drei
Filme sein, die sie dreht. Jahr für Jahr, Film auf Film. Und sie
hat einen Manager. Während Magda Schneider darüber befindet, welches Drehbuch, welcher Stoff Romy gut ansteht,
ist es nun »Daddy« Blatzheim, der die Verträge aushandelt.
Denn damit kennt sich der bodenständige Millionär und
Kettengastronom aus.
Die Deutschmeister folgt, gedreht im Frühjahr 1955 im Salz-
kammergut und in Wien, wieder unter Ernstls Regie, wie ihn
Romy inzwischen vertraut-familiär nennt. Und es ist wieder
ein eher belangloser Musik- und Heimatfilm, sehr volkstüm-

Ein Mädchen
wird vermarktet:
Magda und Romy
Schneider mit
Hans-Herbert
Blatzheim

lich gehalten, mit Siegfried Breuer jr. als Romys Partner. Romy singt hier unter dem Dirigat des großen Robert Stolz das Lied *Wenn die Vöglein musizieren*. Kaum abgedreht, stehen die Dreharbeiten zu *Der letzte Mann* an, einem Remake des gleichnamigen Stummfilm-Klassikers, den Friedrich Wilhelm Murnau 1924 mit Emil Jannings als Hotelportier inszenierte. Harald Braun, der zuvor etwa Thomas Manns *Königliche Hoheit* (1953) verfilmte, realisiert die Geschichte in Baden-Baden und in den Münchner Geiselgasteig-Studios. Romy Schneiders Partner sind Hans Albers und Joachim Fuchsberger, Albers spielt den alternden Oberkellner Karl Knesebeck des Hotels »Hövelmann«, Fuchsberger den aalglatten Vetter und Miterben Alwin Radspieler, der Knesebeck zum Toilettenwärter degradiert und zudem die junge Hotelerbin Niddy Hövelmann umwirbt. Braun transponiert Murnaus klassisches Meisterwerk der Weimarer Republik in die saubere Zeit des bundesrepublikanischen Wirtschaftswunders, und er dreht seinen Hotelfilm in Schwarzweiß. Wenngleich dieses Kammerspiel in keinerlei Weise den Vergleich mit seinem filmhistorisch so bedeutsamen Original bestehen kann, so ist doch gerade das durchaus sehenswerte Spiel zwischen dem etablierten *Münchhausen*-Star Hans Albers und der jungen aufstrebenden Romy von einem reizvollen Charme, in dem auch väterliche Zuneigung einerseits und der Respekt vor dem Alter andererseits mitschwingen. Romy betrachtet ihre bisherige, fünf Filme umfassende Karriere bereits kritisch: »Eine tolle Rolle für Albers – und eine herrliche für mich: meine erste moderne. Bis jetzt war ich ja immer Prinzessin oder eine Königin oder ein Mädel, das zu einer Zeit lebte, als an mich noch nicht im Traum zu denken war. Jetzt spiel' ich endlich mal einen Film, der in unserer Zeit handelt.« (1. Juli 1955; IR, S. 105) Das sollte sich freilich mit den nächsten Produktionen schon wieder ändern, denn Ernst Marischka tritt mit der *Sissi*-Trilogie auf den Plan, und er wird Romy ein Korsett anziehen und es fest zuschnüren, so fest, dass es ihr irgendwann die Luft zum Atmen nimmt.

Vgl. »Die *Sissi*-Trilogie«, S. 69 ff.   Romy ist inzwischen 17 Jahre alt, als Marischka ihr die Rolle der Sissi, der Kaiserin Elisabeth von Österreich, anbietet. Bereits in den frühen dreißiger Jahren hatte er den Stoff als Operette in Wien auf die Bühne gebracht, mit Paula Wessely als Kaiserin. Es ist einer seiner Lieblingsstoffe, und er enthält alle Ingredienzien, die das Publikum der Nachkriegszeit verlangt. *Sissi* wird im Herbst 1955 gedreht, die Wahl der Drehorte liest sich wie ein touristischer Gang durch Teile Österreichs und Oberbayerns: Wien, Schloss Schönbrunn, Donau, Fuschl, Bad Ischl, die oberbayerischen Seen. Im realen Possenhofen am Starnberger See, direkt bei Feldafing, dort, wo Sissi groß geworden ist, wo später Luchino Visconti einige Sequenzen für *Ludwig II.* drehen wird, macht Marischka keine Aufnahmen. Das weißgetünchte Gebäude steht noch heute, ist aber in Privatbesitz und nicht zugänglich. Im benachbarten Feldafing, im Hotel »Elisabeth«, das ebenfalls noch heute existiert und wie aus einer anderen Zeit anmutet, übernachten Romy und Magda Schneider selbst einmal.

Es gilt also, das Publikum mit einer harmlosen, süßlichen Romanze bei Hofe fern der authentischen Historie zu betören. Der mit Romy und ihrer Mutter Magda Schneider sowie mit Karlheinz Böhm und Gustav Knuth besetzte Historienfilm wird zum in dieser Form nie dagewesenen Erfolg, der die Massen bewegt. *Sissi* begeistert nicht nur zunächst in Österreich und dann in Deutschland, sondern europaweit, später auch im angloamerikanischen Raum. In »Mariengrund« kommen körbeweise Post und Geschenke für die gefeierte Hauptdarstellerin an, überall, wo sie erscheint, ruft man nach Sissi. Doch die junge Frau, die hier steht, heißt Romy.

Ernst Marischka macht sich sofort daran, einen zweiten *Sissi*-Film vorzubereiten. *Sissi, die junge Kaiserin* wird 1956 gedreht, obgleich Romy Schneider, die noch keine 18 ist, eine Fortsetzung schon da eigentlich nicht will. Aber Mutter Magda und Stiefvater »Daddy« Blatzheim wollen. Sie vermarkten die populär gewordene Tochter nach Kräften, sind Journalisten und Fotografen gegenüber stets aufgeschlossen, für welche Geschichte und welche Fotostrecke auch immer. Währenddessen wacht »Daddy« Blatzheim über die Gagen, die Romy für ihre Filme erhält. Er verwaltet sie, Romy sieht stets nur ein Taschengeld. Längst haben Mechanismen zu greifen angefangen, mittels derer man sich ihrer bedient. In wenigen Jahren wird die junge Romy Schneider die Kraft, den Mut und auch die Möglichkeiten haben, sich diesen Mechanismen zu entziehen und sich von denen abzuwenden, die Profit aus ihr schlagen wollen. Eine Kindheit, eine Jugend, die hat sie durch all die Filmerei nicht wirklich gehabt. »Welche Kindheit und Jugend«, meint sie später einmal, als sie gefragt wird, welche Erinnerungen sie daran habe – »die bestand doch nur aus Filmen«.

Paradigmatisch für die *Sissi*-Zeit mag folgende Situation sein: Anlässlich eines der diversen Kinostarts in den europäischen Nachbarländern fliegen Romy Schneider und Karlheinz Böhm zusammen mit Magda Schneider und »Daddy« Blatzheim nach Madrid. Mit ihnen im Flugzeug sitzt auch Otto von Habsburg. Beim Ausstieg aus dem Flugzeug auf dem Rollfeld lassen ihm alle den Vortritt, doch die am Flughafen versammelte Menschenmenge bleibt überraschenderweise ruhig, nichts geschieht, als der Habsburger erscheint. Doch in dem Moment, als Romy Schneider und Karlheinz Böhm hin-

Romy Schneider und Karlheinz Böhm – Autogramme schreibend

austreten, brandet tosender Beifall auf. Es sind Tausende von Menschen, die gekommen sind, gekommen, um die Sissi und den Kaiser Franz Joseph zu sehen. Gemeinsam gehen sie die Treppe runter, und die Masse gerät in Bewegung. Eine tumultartige Szene entwickelt sich, die selbst einem Film hätte entnommen sein können, wie es Karlheinz Böhm einmal glaubhaft in einem Fernsehinterview beschrieben hat. Menschen werden verletzt, Scheiben zersplittern. Böhm versucht Romy Schneider zu schützen, denn die Sicherheitsleute sind machtlos angesichts der Schubkraft, die die klobige Menge entwickelt. Und dann werden beide von den Menschen hochgehoben und vom Flugplatz bis zum Hallenausgang, wo die Wagen auf sie warten, regelrecht auf Händen getragen. Der frenetische, beinahe hysterische Empfang von Romy Schneider und Karlheinz Böhm am Flughafen in Madrid mag als ein anschauliches Symptom für die blinde *Sissi*-Manie der späten fünfziger Jahre stehen.

Zwischen dem zweiten und dem dritten *Sissi*-Film liegen drei Arbeiten Romy Schneiders, deren Sujet und Form nichts mit höfischer Süßlichkeit zu tun haben: Es entstehen *Kitty und die große Welt* (1956) unter der Regie von Alfred Weidenmann, *Robinson soll nicht sterben* (1956), inszeniert von Josef von Baky, und Helmut Käutners *Monpti* (1957). Mit den beiden Letzteren geht eine Begegnung Romys einher, die nicht zuletzt auch in der Presse diskutiert wird: Sie lernt Horst Buchholz kennen, der fünf Jahre älter ist als sie und bereits unter anderem in Georg Tresslers *Die Halbstarken* (1956) mitspielte. Romy mag den Kollegen, der den Touch des Rebellischen hat. Gemeinsam stehen sie in den Hauptrollen der Daniel-Defoe-Geschichte *Robinson soll nicht sterben* und der Adaption von

Erste Begegnung mit Horst Buchholz

»Ich habe mich mit Horst Buchholz gleich gut verstanden. Mir gefiel sein Mut, für sich einzustehen. Immer sagt er, was er denkt. Auch wenn es den werten Erwachsenen nicht gefällt. [...] Er ist genau das, was ich mir unter einem Revolutionär vorstelle. Er vergißt niemals, wie er als Kind, als Bub, als junger Kerl gelebt hat.« (Romy Schneider über ihre Begegnung mit Horst Buchholz; IR, S. 127)

Gabor von Vaszarys Roman *Monpti* vor der Kamera, für Käutners Liebesgeschichte dreht Romy zudem erstmals in Paris. Was liegt da für die Regenbogenpresse näher, als zu vermuten, dass es spätestens bei der Pariser Geschichte zwischen den beiden Akteuren gefunkt hat? Beide sind sie auf Fotos dieser Zeit zu sehen, aus den Jahren 1956 und 1957, die sie ausgelassen und fröhlich zeigen, etwa auf einem Karussell auf dem Münchner Volksfest an der Auer Dult oder im Schnee, in den Bergen auf einem Schlitten oder in Paris am Set von *Monpti*, im Jardin du Luxembourg, im Frühling, sich verschmitzt anlächelnd, spielerisch miteinander umgehend. Und wie sie auf dem Internationalen Filmball im Juni 1957 miteinander tanzen – eng, nahe, sich anstrahlend.

> »Ich kenne Romy besser. Romy ist nicht nur ›ein liebes Mädel, das durch seinen jugendlichen Charme die Kinogänger für sich gewinnt‹ – Romy ist sehr begabt, sehr fleißig und in der Arbeit wie kaum eine Schauspielerin rücksichtslos gegen sich selbst.« (Horst Buchholz über Romy Schneider; zit. n. Seydel 1987, S. 73)

Vielleicht – einmal abgesehen davon, dass es sich vornehmlich um wirksame Publicityfotos handelt – war da eine Form der Verliebtheit. Vielleicht aber auch nicht. Romy ist 18. Doch spätestens da ist Magda Schneider davor: »Neulich habe ich in einer großen Illustrierten Fotos gesehen, auf denen ich mit Mammi zu sehen bin und auf denen sie offensichtlich mit mir schimpft. Natürlich hat sie das. Es ging um Horst Buchholz. Wir hatten uns bei *Robinson soll nicht sterben* angefreundet – er ist ein Pfundskerl, mit allen Schwächen und Tugenden. Wir hatten in München verabredet, daß wir auf dem Berliner Filmball ganz groß tanzen wollten. Wir haben dann auf dem Filmball getanzt, daß es nur so zischte. Horst tanzt großartig und ich tanze gern. Mammi schimpfte mit mir, weil ich nur mit Horst Buchholz tanzte und sich bei ihr einige Herren beschwerten, daß sie überhaupt noch nicht hätten mit mir tanzen können. […] Die Kompanie Bildberichter, die da war, wollte endlich einmal andere Fotos knipsen als nur immer Horst Buchholz und mich.« (IR, S. 138 f.)

Weitere »Liebeleien« werden Romy in den kommenden Jahren nachgesagt: etwa, dass Stardirigent Herbert von Karajan, mit dem sie 1957 Prokofjews *Peter und der Wolf* einspielt, etwas mit ihr gehabt haben wollte; dass Skiass und Olympiasieger Toni Sailer, den sie 1956 auf dem Münchner Faschingsball kennenlernt, ihr nähergekommen sein soll; dass sie Schauspielerkollege Curd Jürgens, mit dem sie 1959 in Paris *Katja – die ungekrönte Kaiserin* dreht und den sie bereits seit einem Aufenthalt an der Côte d'Azur 1957 kennt, mehr als nur anhimmelte und es einen angeblich einschlägigen Briefwechsel gab, der sich später jedoch als recht harmlos erweist. Schwärmereien, gewiss – aber sonst? Doch diese Gerüchte und Unterstellungen werden sie ihr Leben lang begleiten, unentwegt werden ihr Liebschaften nachgesagt, von denen teils schlichtweg nichts belegt ist. Dennoch wird daran festgehalten und manifestiert es sich weiterhin in der Wahrnehmung der Öffentlichkeit.

Käutners *Monpti* ist nicht Romys einzige Arbeit in diesem Jahr. Im Spätherbst 1957 entsteht die sommerlich leichte Geschichte um das lebhafte Mädchen Scampolo, das sich als Fremdenführerin ein wenig Geld verdient und sich in einen Architekten verliebt, gespielt vom für die Rolle doch etwas unpassenden Paul Hubschmid. Wie zuvor schon bei *Kitty und die große Welt* inszeniert hier erneut Alfred Weidenmann, gedreht wird *Scampolo* auf der Insel Ischia im Golf von Neapel.

Zuvor, noch im Sommer 1957, finden schließlich und tatsächlich die Dreharbeiten zum vertraglich verhandelten dritten *Sissi* Teil statt, der für Romy Schneider der unwiderruflich letzte ist, *Sissi – Schicksalsjahre einer Kaiserin.* Für Buch und Regie zeichnet abermals »Ernstl« Marischka verantwortlich, für den die Fortsetzung der populären Schmachtreihe ebenso außer Frage steht wie für alle anderen Beteiligten auch – Magda Schneider und Hans-Herbert Blatzheim mit eingeschlossen. Die Dreharbeiten führen das Team diesmal bis nach Venedig. Als Romy einen vierten *Sissi*-Teil unnachgiebig ablehnt sowie die Gage von einer Million Mark ausschlägt, da beginnt sich der allmähliche Bruch mit den Eigenen abzuzeichnen, ebenso wie jene Zäsur in ihrer Arbeit als Schauspielerin. Romy Schneider ist nun 19. Sie fängt an, das zu eng geschnürte Korsett abzulegen. Bald schon wird sie in Frankreich ihr Herz verlieren, sich dort ein neues Leben, eine andere Karriere aufbauen.

> »Also, wenn ich mich in Romy verliebt habe – und ich habe mich in die Romy verliebt, und ich bin es immer noch –, dann war das zuerst in ihre Stimme. Und dann in ihre kleinen Ohren. Und in ihre kleinen Hände, sie hatte sehr kräftige Hände, sehr bäuerlich, aber sie hatte kleine Nägelchen – es war alles sehr mädchenhaft. Und dass sie dieses Mädchenhafte nicht verloren hat, das war auch ihr Zauber, und das hat auch zu Tränen gerührt. Darüber war sie sich selbst vielleicht gar nicht im Klaren.« (Senta Berger über Romy Schneider, mit der sie 1959 und 1962 drehte und zu der sie bis 1982 Kontakt hielt; Gespräch mit dem Autor, November 2007)

Doppelte Flucht: Alain Delon, die große Liebe – Frankreich, die zweite Heimat (1958-1964)

Mit dem Jahr 1958 verändert sich das Leben von Romy Schneider nachhaltig. Es ist eines dieser Jahre, in denen sie vor einer Weggabelung steht, sich entscheiden muss. Sie entscheidet sich für einen Mann und ein anderes Land. Und sie löst sich von ihrer Familie.

Eine erste dreiwöchige Amerikareise im Januar, auf der Magda Schneider ihre Tochter natürlich begleitet, führt sie nach New York und Hollywood, wo Romy den US-amerikanischen Start ihres Films *Mädchenjahre einer Königin* bewirbt. Sie gibt zahlreiche Zeitungs- und Fernsehinterviews, ist auf Partys eingeladen und besichtigt die MGM- und auch die Disney-Studios. Und auch in diesem Jahr folgen gleich drei Produktionen, für die sie hintereinanderweg vor der Kamera steht:

Vgl. Mädchen in Uniform, S. 77 ff. *Mädchen in Uniform* (Regie: Géza von Radványi), *Christine* (Regie: Pierre Gaspard-Huit) sowie *Die Halbzarte* (Regie: Rolf Thiele). So belanglos der dritte darunter sein mag, so wichtig sind die beiden vorhergehenden. Der Part der Pensionatsschülerin Manuela von Meinhardis in *Mädchen in Uniform* stellt Romy Schneiders erste veritable ernste Charakter-

Leben

rolle dar. *Christine* wiederum, das Remake von Max Ophüls'
Liebelei (1933), ist ihr erster französischer Film überhaupt, jener Film, in dem Romy nun die Rolle spielt, die seinerzeit
ihre Mutter Magda spielte, und jener Film vor allem, bei dem
sie Alain Delon begegnet. Das Angebot aus Frankreich nimmt **Alain Delon**
sie sofort an, gedreht wird in Wien und in Paris-Boulogne.
Als es an die Vorbereitungen geht, fliegt Romy Schneider
nach Paris und wird dort von Alain Delon noch auf dem Rollfeld am Flughafen in Empfang genommen. Es ist die allerers-
te Begegnung der beiden, die später zu *den* Liebespaaren der
internationalen Filmszene gehören werden.

>»Und dann kam Alain Delon. Ich erinnere mich an jede Einzel-
>heit. [...] Wir flogen nach Paris. Die Filmproduktion hatte auf
>dem Flughafen für die Presse ein Treffen mit meinem Partner
>Alain Delon arrangiert. Ich haßte diese Flughafen-Empfänge. Die
>Tür wird geöffnet, man tritt auf die Rolltreppe, Mammi steht
>hinter einem und flüstert ins Ohr: ›Jetzt lächeln, lächle ...‹
>So war es auch dieses Mal. Lächeln. Blitzlichter. Starrende Au-
>gen.
>Unten vor der Rolltreppe stand ein zu schöner, zu wohlfrisier-
>ter, zu junger Bursche, ganz als Gentleman verkleidet, mit
>Schlips und Kragen und einem übertrieben modischen Anzug:
>Alain Delon.
>Der Strauß roter Rosen in seiner Hand war auch zu rot.
>Ich fand das Ganze geschmacklos und den Knaben uninteres-
>sant.
>Auch er fand mich zum Kotzen – so drückte er sich später aus.
>Ein angeberisches, dummes, süßes Wiener Mädchen, ohne
>Pfiff. Und so was wird in Deutschland Star! Und mit diesem Typ
>mußte er jetzt sechs Wochen lang drehen. Er sprach nicht eng-
>lisch, ich sprach nicht französisch. Wir unterhielten uns in einer
>Sprachen-Melange.« (Romy Schneider über ihre erste Begeg-
>nung mit Alain Delon; IR, S. 177)

Delon ist im Gegensatz zu Romy nahezu unbekannt. Lediglich zwei Filme hat er vor *Christine* gedreht, *Killer lassen bitten*
(*Quand la femme s'en mêle*, 1957) und *Sois belle et tais-toi!*
(1958), während es für sie bereits der 14. Film ist. Sie ist in der

Heimat ein Star, beliebt und bekannt, er noch nahezu unbekannt. Diese Relation soll sich alsbald umkehren, als Romy Schneider zu Alain Delon nach Paris geht, wo sie keiner kennt und sie nicht mehr arbeiten kann, nicht in ihrer neuen Wahlheimat jenseits des Rheins, aber auch nicht mehr in Deutschland, wo man ihr den Gang nach Frankreich verübelt: »In Deutschland war ich abgeschrieben, in Frankreich war ich noch nicht ›angeschrieben‹.« (IR, S. 185) Während Delon also mit René Clements Patricia-Highsmith-Adaption *Nur die Sonne war Zeuge* (*Plein soleil*, 1960) – Romy Schneider besucht ihn beim Dreh am Set auf Ischia und hat zu Beginn des Films einen Kurzauftritt – und Luchino Viscontis *Rocco und seine Brüder* (*Rocco e i suoi fratelli,* 1960) große Erfolge feiert.

> »Ich kaufte mir eine Flugkarte Wien – Paris. Ich landete in Paris und rief Alain von Orly aus an. Erst als ich den Hörer auf die Gabel gelegt hatte, begriff ich, was mit mir geschehen war. Ein Film war zu Ende – nur ein Film. Ich war frei.
> Ich war ausgebrochen.
> Ich hatte das Band, das mich bisher an mein Elternhaus gefesselt hatte, endgültig durchgeschnitten.« (Romy Schneider über ihren Wechsel nach Paris und zu Alain Delon; IR, S. 181)

Am 22. März 1959 findet ein ebenso denkwürdiges wie ambivalentes Ereignis statt, die Verlobung von Romy Schneider und Alain Delon in der Villa Maro in Morcote am Luganer See, auf Hans-Herbert Blatzheims Anwesen. Einmal mehr auf Druck von »Daddy« Blatzheim und Magda Schneider zustande gekommen, steht die Glaubwürdigkeit dieses Aktes, dieser »Farce«, wie Romy es selbst nennt, von Anfang an in Frage. »Morgen findet eure Verlobung statt. Ich habe die Presse schon informiert. Alain wird hierherkommen«, meint Blatzheim zu Romy in Lugano, wo sie zunächst allein eintrifft. »Ich zweifelte bis zur letzten Minute daran, ob er wirklich auftauchen würde«, so Romy. Niemand weiß, ob das Enfant terrible Delon denn überhaupt erscheinen wird. Er erscheint. »Wir ›feierten‹ Verlobung, die Familie stellte sich vereint den Fotografen, jeder gab ein paar markige Sätze von sich. Mammi zum Beispiel sagte: ›An Heirat ist vorläufig

Das junge Liebespaar Schneider-Delon bei den Dreharbeiten zu *Christine*, 1958

nicht zu denken. Die Kinder sollen sich erst einmal richtig kennenlernen.‹ Die Kinder kannten sich schon ganz gut. Sie kannten besonders die Kluft, die sie trennte. Zwischen Alain und mir lag eine Welt.« (IR, S. 184 f.) An dem Tag versäumt der unbändige Delon es nicht, auf dem See eines von Blatzheims Booten zu demolieren. Blatzheim und Delon – das ist reziproke Aversion, Antipathie, Ablehnung. Zwei denkbare Gegensätze. Hier der feiste Geschäftsmann, der bürgerliche Biedermann, dort der fesche Franzose, der unbequeme Unangepasste, der doch so sehr Romys leiblichem Vater Wolf äh-

nelt. Das muss dem possessiven, eifersüchtigen Stiefvater umso mehr an Alain Delon und an Romy Schneiders leiden-
schaftlicher Liebe gestört haben.

1959 dreht Romy Schneider noch einmal drei Filme hinterein-
ander: die unsäglich kitschige Klamotte *Ein Engel auf Erden*
(Regie: Géza von Radványi), mit Romy in dem undankbaren
Doppelpart als Engel und als Stewardess, übrigens mit dem
jungen Jean-Paul Belmondo in einer frühen Rolle, noch vor
Jean-Luc Godards *Außer Atem* (*A bout de souffle*, 1960), dann
Die schöne Lügnerin (Regie: Axel von Ambesser) und *Katja
– die ungekrönte Kaiserin* von Robert Siodmak. In Letzterem,
»einer Art *Sissi* in russischem Ambiente« (*Lexikon des Internationalen Films*, 1995, S. 2980), steht sie mit Curd Jürgens in
Paris vor der Kamera. In der darauffolgenden Zusammenarbeit mit Theaterregisseur Fritz Kortner wird sie 1960 ihre letzte Rolle in Deutschland spielen, und so stellen die Dreharbei-

Vgl. S. 61 ff. ten zu Kortners Inszenierung *Die Sendung der Lysistrata* – zugleich Romys einzigem Fernsehfilm überhaupt – ih-
ren vorläufigen Abschied von Deutschland dar. Am
17. Januar 1961 strahlt das Erste Deutsche Fernsehen Kortners Schwarzweiß-Adaption der Aristo-
phanes-Komödie aus. Während der Sendung des
durchaus ambivalenten und formal eher mäßigen
Films, der in der Zeit der Wiederbewaffnung und
des Kalten Krieges für Pazifismus plädiert, schalten
sich die Sendeanstalten in Bayern und Baden-Würt-
temberg bezeichnenderweise aus. Der Fernsehfilm
sei amoralisch, sei politisch einseitig, heißt es. In
Bayern kommt der Film des in München an den
Kammerspielen inszenierenden Kortner unabhängig von der (Nicht-)Ausstrahlung jedoch in einige
Kinos.

Der erste Noch 1960 findet die erste Begegnung Romy Schnei-
Meister – ders mit Luchino Visconti in Rom statt, in Viscon-
Luchino Visconti tis Villa in der Via Salaria. Alain Delon, ein Prote-
gé Viscontis, führt sie in die Kreise um den itali-
enischen homosexuellen Regisseur ein. Zu dessen
Entourage zählt über längere Zeit auch der Schau-

Leben

spieler Helmut Berger. Visconti, der Romy Schneider nach anfänglichen beidseitigen Berührungsängsten fortan »Romina« nennt, wird für sie einer der wenigen wichtigen Einflüsse werden, ein Lehrmeister wie später nur noch Claude Sautet. Visconti bietet Romy an, zusammen mit Alain Delon in dem Stück *Schade, daß sie eine Dirne ist* zu spielen. Das Drama des Shakespeare-Zeitgenossen John Ford behandelt eine fatale inzestuöse Geschwisterliebe, angesiedelt im italienischen Parma des Jahres 1540. Romy lehnt ab, hat sie doch nie Schauspielunterricht gehabt, hat nie auf einer Theaterbühne gestanden, und ihr Französisch ist miserabel.

> »Mein Leben lang werde ich nicht vergessen, wie ich Luchino kennenlernte. Dieser Mann hat mehr für mich getan als irgendein anderer nach der sauren Zeit.« (Romy Schneider über Luchino Visconti; IR, S. 187)

Sagt sie. Doch Visconti bleibt hartnäckig, fordert sie heraus: »Du hast also keinen Mut, Romina?« Und trifft. Nach dem Jahreswechsel beginnen in Paris die Proben. Im März 1961 muss sich Romy Schneider am Tag der Generalprobe einer

Romy Schneider besucht Alain Delon bei Dreharbeiten zu Luchino Viscontis *Der Leopard*, 1962. Links: Burt Lancaster

»Die Romy war bei Visconti sehr gut, sie hatte viel mehr Bühnenpräsenz als der Delon. Bei Sacha Pitoëff hat sie die Rolle von ihrer Vorgängerin übernommen, hat wahnsinnig tapfer gelernt, war sehr, sehr ehrgeizig. Wir haben sie immer ›der kleine Soldat‹ genannt – es gab ja gerade den Film von Godard, *Le petit soldat*. So diszipliniert war sie, so konzentriert. Das Stück ging dann durch die französische Provinz, durch Städte wie Orléans – wahnsinnig, ein irrsinniger Schlauch. Die stärkste Erinnerung, die ich dabei an sie habe, ist, wie sie in der Kulisse steht und auf ihren Auftritt wartet, und alle plappern rundherum, und sie legt sich die Hände richtig wie Scheuklappen rechts und links ans Gesicht und stellt sich mit dem Gesicht zur Wand und ist ganz konzentriert und lauscht auf das, was auf der Bühne gesprochen wird und nicht auf das Gegackere hinter der Kulisse. Um dann mit ihrem Stichwort schon in der Stimmung aufzutreten. Das war wirklich ein schöner Moment, zu erleben, wie sie ein richtiges Bühnentier geworden ist. Sie hat das sehr, sehr ernst genommen.« (Regisseur Volker Schlöndorff, der Romy Schneider als Regieassistent in Paris in den frühen sechziger Jahren kennenlernte und bei beiden Theaterstücken erlebte; Gespräch mit dem Autor, April 2007)

Blinddarmoperation unterziehen; während der sehr anstrengenden Proben mit dem fordernden, extravaganten Visconti hat sie sich bis zur völligen Erschöpfung verausgabt. Am 29. März 1961 schließlich findet die Premiere des Zweiakters am Théâtre de Paris statt, und tout Paris ist im Zuschauersaal – von Jean Marais und Jean Cocteau über Ingrid Bergman und Anna Magnani bis hin zu Curd Jürgens und Shirley MacLaine. Und Mutter Magda und Bruder Wolfi. Ihr Vater Wolf fehlt. Romy Schneider und Alain Delon stehen in Viscontis gefeierter Inszenierung in etwa 120 Aufführungen während der nächsten anderthalb Jahre gemeinsam auf der Bühne. Für Romy, die in der Presse besonders positiv hervorgehoben wird, ist es die erste von insgesamt zwei Theaterarbeiten.

Im Sommer dreht Luchino Visconti in den Theaterferien mit Romy Schneider die Episode *Der Job* für den Gruppenfilm *Boccaccio '70*, bei dem Federico Fellini und Vittorio de Sica in den anderen Episoden Regie führen. Romy ist als dekadent-anmutig-erotische Gräfin zu sehen, Pupé wird sie schlicht genannt. Ihre Kostüme sind von Coco Chanel, ihre Frisur wird vom Pariser Coiffeur Alexandre gerichtet, alles ganz im Stil des Pariser Chic. Et voilà: der neue Romy-Schneider-Stil ist kreiert. Vergessen ist alle teutonische kaiserlich-königliche Süßlichkeit, Visconti habe sie verwandelt, so schreiben seinerzeit begeistert die renommierten *Cahiers du Cinéma*.

Im November dreht Romy Schneider den politischen Liebesfilm *Der Kampf auf der Insel,* Regie führt Alain Cavalier, ehemals Regieassistent von Louis Malle. Es ist ihr erster Film an der Seite von Jean-Louis Trintignant, der noch mehrfach ihr Filmpartner sein wird. Und, direkt im Anschluss, mit Beginn des Jahres 1962, steht sie zum zweiten – und letzten – Mal auf der Theaterbühne, als Nina in Tschechows *Die Möwe* in der Inszenierung von Sacha Pitoëff, der zugleich auch die Rolle des Trigorin spielt. In etwa 100 Aufführungen ist sie von Januar bis Mai damit auf Tournee durch die französische Provinz und in verschiedenen Ländern, auch in Deutschland: »Ich habe auf einer deutschen Bühne Theater gespielt. In Baden-Baden. In einem russischen Stück in französischer Sprache.« (IR, S. 210) Es bleibt das einzige Mal überhaupt. Im März steht Romy zugleich in Paris vor der Kamera, in Orson Welles' un- Orson Welles
orthodoxer Kafka-Verfilmung *Der Prozeß.* Mit Alain Delon reist sie im Mai an die Côte d'Azur zu den Filmfestspielen von Cannes, wo sie gemeinsam mit Sophia Loren auftritt. Auch führen sie Dreharbeiten in diesem Jahr erstmals nach London, dort arbeitet sie mit Regisseur Carl Foreman – Drehbuchautor von Fred Zinnemanns legendärem *Zwölf Uhr mittags* (*High Noon*, 1952) – nun erstmals auch in englischer Sprache: *Die Sieger* ist der erste einer Reihe von amerikanischen Filmen, die der zunächst gefragte Star für die Columbia im Rahmen eines Mehrjahresvertrages dreht.

Bevor sie vorübergehend in die USA geht, sich in Hollywood, Beverly Hills,
in Beverly Hills, eine Luxusvilla mit mehreren Angestellten Hollywood
mietet, dreht Romy Schneider unter der Regie von Otto Preminger im Frühjahr 1963 das 175-Minuten-Epos *Der Kardinal.* Die Dreharbeiten der großen, in Breitwand-Panavision

gedrehten amerikanischen Produktion führen sie zunächst nach Boston und Stamford, nach Rom und schließlich ins vertraute Wien. Ihr Vater wirkt in einer kleinen Nebenrolle mit; es ist das einzige Mal überhaupt, dass Wolf Albach-Retty und seine Tochter Romy gemeinsam in einem Film spielen. Und so geschieht es, dass sich Tochter und Eltern an einem

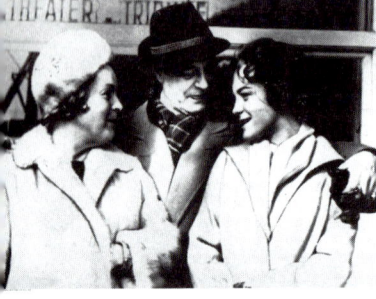

späten Märztag in Wien wiederbegegnen. Natürlich sind auch hier die Fotografen nicht weit, und die Publicitybilder des kleinen Familientreffens zeigen drei scheinbar ausgelassene, fröhlich lachende Menschen. Für einen kurzen Moment erlebt Romy Schneider, was sie nie hatte und was sich auch aus dem Stegreif nicht herstellen lässt: Familie. Mutter Magda behält die Pelzmütze auf, Vater Wolf wie

Die Familie einmal zusammen: Romy und Magda Schneider, Wolf Albach-Retty, bei den Dreharbeiten zu Der Kardinal in Wien, März 1963

stets charmant lächelnd und adrett gescheitelt, Tochter Romy mit wuscheligem Haar, strahlend von einem Ohr zum anderen. Die Tochter des geschiedenen Schauspielerpaares, sie hat sie kurz für sich, zusammen, ihre Eltern, für diesen seltenen, so kostbaren Moment. So heiter die Fotografien wirken, so traurig ist doch das, was dabei nicht zu sehen ist. »Das ist das erstemal, daß ich meine Eltern zusammen sehe«, sagt sie (zit. n. Seydel 1987, S. 138). Da ist sie 24 Jahre alt.

Auf Premingers *Kardinal* folgt die nächste Columbia-Produktion, die von David Swift inszenierte Komödie *Leih mir deinen Mann*, in der Romy mit Jack Lemmon und Edward G. Robinson spielt. Ein bedeutungsloser Unterhaltungsfilm. Zu dieser Zeit lernt Romy Schneider Christiane Höllger kennen. Sie hat mit der Filmbranche nichts zu tun, was vielleicht gut ist. Wie Romy ist sie eine junge Frau. Wie Romy ist sie eine Deutsche. Die beiden verbindet eine Freundschaft, ein Leben lang, mit Unterbrechungen freilich. Später, 1975, als Romy Schneider ihren Sekretär Daniel Biasini heiraten wird, ist die in Berlin lebende Christiane Höllger ihre Trauzeugin.

Trennung Delon – Schneider

»Und dann begann das scheußlichste Jahr meines Lebens, das Jahr zwischen Herbst 1963 und Herbst 1964 …« (IR, S. 214) Alain Delon verlässt Romy Schneider im Herbst 1963. Legenden ranken sich auch um dieses Ereignis. Er trennt sich mit einem Strauß roter Rosen und einigen geschriebenen Zeilen von ihr, die sie vorfindet, als sie aus den USA nach Paris zurückkehrt – »Bin mit Nathalie nach Mexiko. Alles Gute. Alain.« So zumindest lautet eine der glaubwürdigeren Versionen um das Ende dieser Verbindung. Jene kolportierte Variante von einem umfangreichen Brief, den Alain Delon Romy Schneider geschrieben und den sie aus den Händen des gemeinsamen Freundes und Agenten Georges Beaume erhalten haben soll, dürfte denn auch weniger Realitätsgehalt haben. In Rom, wo sie zuvor *Der Kardinal* drehte, sahen sie sich das vorerst letzte Mal, als er sie noch zum Flugzeug gen Hollywood brachte. Da gab es – nach diversen anderen Affären Delons – eine gewisse Nathalie Barthélemy bereits. Eine der wohl legendärsten Verbindungen zwischen zwei europäischen Schauspielstars geht nach etwa fünf Jahren zu Ende, genauer nach vier Jahren, acht Monaten und 24 Tagen, wie deutsche Medien akribisch nachgerechnet haben. Im Dezember 1963 begeht Romy Schneider einen Selbstmordversuch. Er misslingt. Das Frühjahr des Jahres 1964 hält für Romy – neben allem Trennungsschmerz – eine Herausforderung bereit, Dreharbeiten mit dem als äußerst schwierig geltenden und diktatorisch fordernden Regisseur Henri-Georges Clouzot zu dem Film *Die Hölle*. In den Studios von Nizza werden erste Tests aufgenommen, schließlich wird der Dreh, unter anderem auch mit Schauspieler Serge Reggiani, in der Auvergne fortgesetzt. Nachdem drei Wochen gedreht worden ist, muss der Film abgebrochen werden, als Clouzot einen Herzinfarkt erleidet. *Die Hölle* bleibt leider unvollendet, ein Fragment. Es existieren Ausschnitte und Testfotos von den Arbeiten zu diesem spannenden Projekt, darauf ist Romy Schneider als in Zellophan gewickelte Braut zu sehen – erstickt. Währenddessen kursieren immer mehr Fotos von Alain Delon und seiner neuen Lebensgefährtin in der internationalen Presse. Im Sommer schon wird aus Nathalie Barthélemy dann Nathalie Delon, und im Herbst schließlich kommt der gemeinsame Sohn zur Welt. Romy Schneider kann dies alles den Zeitungen entnehmen.

So wie sie sich auch selbst immer wieder auf Gespräche mit
Reportern einlässt: Im Dezember 1964 gibt sie dem *Stern* ein
Interview, Will Tremper kommt nach Paris, ein Fotograf ist
mit dabei. Sie führt ihnen Kostüme ihrer Freundin Coco
Chanel vor. Sie muss annehmen, dass die beiden *Stern*-Besu-
cher in guter Absicht gekommen sind. Sie täuscht sich. Unter
der Überschrift »Romy will zurück nach Deutschland« wird
die Demontage und Hatz einer Schauspielerin weiter betrie-
ben, bevor sie überhaupt nur deutschen Boden betreten hat.

> »Der Umgang der Journalisten mit Romy war oft voller Häme.
> Vielleicht, weil sie nicht dem Bild des lieben Mädchens ent-
> sprach, das aus ihren frühen Filmen stammte. Man hat ihr den
> großen Erfolg nicht gegönnt, der ihr vermeintlich nicht zustand.
> Sie muss früh schon die Journalisten eines bestimmten Schla-
> ges durch ihre Art gereizt oder geärgert haben. In den Sechzi-
> gern gab es im *Stern* einen Artikel über die Romy, der so ge-
> meint war, als würde man ihr einen großen Aufmacher widmen,
> basierend auf einem Interview. Sie konnte sich auf dieses In-
> terview einlassen, weil der *Stern* sich im politischen Teil fort-
> schrittlich gebärdete. Aber sie wusste offenbar nicht, dass im
> Gesellschaftsteil der gute alte Chauvinismus herrschte. Der
> Schluss des Artikels, bevor der Punkt kommt, lautete ›Schade,
> daß sie eine Dirne ist‹. Aber ohne Anführungszeichen. Das war
> so infam – und wer das schnell gelesen hat, wie die meisten,
> hat gar nicht gewusst, dass das der Titel ihres aktuellen Thea-
> terstückes ist.« (Regisseur Michael Verhoeven; Gespräch mit
> dem Autor, November 2007)

Romy Schneider dreht zuvor nur einen weiteren Film, die
Groteske *Was gibt's Neues, Pussy?* (Regie: Clive Donner), eine
schrill-schräge Geschichte um den Pariser Frauenhelden und
Modejournalisten Michael James, gespielt von Peter O'Toole.
Ein poppig-buntes Liebeskarussell. Geschrieben hat die absurde Komödie, in der »Tiger« Tom Jones den Titelsong
schmettert, Woody Allen, der hier seinen ersten Leinwand-
auftritt überhaupt absolviert und danach mit dem Sequel
What's Up, Tiger Lily (1966) sein Regiedebüt gibt. Filmhistorisch oder künstlerisch bedeutend ist auch dieser Romy-Film

wieder nicht. Romy Schneider gleitet immer mehr in ein Tief ab, privat wie beruflich. Bald schon wird sie selbst sagen: »Ich bin müde. Mein Leben ist die Hölle.« (Januar 1965; IR, S. 231)

Erste Ehe, erstes Kind und die Rückkehr nach Deutschland (1965-1967)

Die Jahre 1965 bis 1967 sind die Jahre der beruflichen Erfolglosigkeit, jene, in denen Romy Schneider nur mehr wenig arbeitet. 1965 dreht sie unter der Regie von *Topkapi*-Regisseur Jules Dassin *Halb elf in einer Sommernacht*, zusammen mit Melina Mercouri und Peter Finch. Eine in ihrer außergewöhnlichen Farbdramaturgie und Bildästhetik bemerkenswerte Arbeit mit einer bildschönen Romy. Von einem »Experiment« spricht auch sie selbst bei diesem Film. Die sich in Agonie ergehende Geschichte um eine Variation der ménage à trois entbehrt dabei allerdings jeglicher dramaturgischen Stringenz. Das Drehbuch, von Jules Dassin und keiner Geringeren als der französischen Autorin Marguerite Duras verfasst – auf deren Roman *Dix heures et demie du soir en été* der Film denn auch basiert –, ist geradezu hanebüchen und belanglos. Es gibt Fotos von Romy Schneiders 27. Geburtstag, den sie zusammen mit ihren Schauspielkollegen und Jules Dassin in Madrid feiert. Auf einem schneidet sie fröhlich eine riesige Geburtstagstorte an. Sie wirkt gerade zu dieser Zeit sehr apart, anmutig und noch fragiler, verletzbarer als bisher.

Und vielleicht sieht sie in diesem Film so wunderschön aus, weil sie frisch verliebt ist, weil aller Trennungsschmerz um Alain Delon nachgelassen und sie am 2. April 1965 in Berlin einen neuen Mann kennen- und lieben gelernt hat: den Berliner Schauspieler und Theaterregisseur Harry Meyen. Dieser ist ein Theatermann durch und durch, wenngleich er auch immer wieder vor der Kamera steht, etwa in Helmut Käutners Zuckmayer-Adaption *Des Teufels General* (1955). Und auch als Synchronsprecher ist Meyen tätig, so spricht er etwa die deutsche Stimme von Michel Piccoli in *Trio Infernal* (1973) oder von Jean-Louis Trintignant in *Le Train* (1973) – beides Filme mit Romy Schneider. Am Eröffnungstag des Eu-

Begegnung mit Harry Meyen

ropa-Centers am Kurfürstendamm, direkt gegenüber der Ge-
dächtniskirche gelegen, da begegnen sie sich zum ersten Mal.
Romy Schneiders geschäftstüchtiger Stiefvater Hans-Herbert
Blatzheim eröffnet im neuen Gebäude gleich mehrere Restaurants, und auf der bunten Gästeliste von Magda Schneider
und »Daddy« Blatzheim steht auch Harry Meyen, der zu dieser Zeit noch mit seiner Kollegin Anneliese Römer verheiratet
ist. Magda Schneider hat auch an diesem Abend noch die Fä-
den in der Hand, und so setzt sie Meyen und ihre Tochter
gemeinsam an einen Tisch, direkt zueinander.

Harry Meyen wurde am 31. August 1924 in Hamburg als Harald Haubenstock geboren. Als Halbjude war er zeitweise im
KZ-Nebenlager Hamburg-Fuhlsbüttel inhaftiert, aus dem er
am 3. Mai 1945 von den Amerikanern befreit wurde. Er ist 14
Jahre älter als Romy Schneider und gilt in Berlin als Größe
des Boulevardtheaters. Für die Filmschauspielerin ist das Theater letztendlich eine fremde Welt, eine ersehnte auch. So
träumen sie beide von gemeinsamen Theaterarbeiten in Berlin, von einer Komödie am Ku'damm etwa und von einer Re-

> »Harry Meyen hat damals seine erste Fernsehregie gemacht,
> 1958, nach Heinz Coubiers Stück *Penelope oder Die Lorbeer-
> maske*. Da war er noch mit Anneliese Römer verheiratet. Ich
> hatte bei ihm eine Rolle. Und dann sind wir gefahren, von Ber-
> lin nach Hamburg, vielleicht so vier Stunden – und ich schwö-
> re, wir haben nichts gesprochen. Ich fand das sehr interessant,
> zumal ich eigentlich sehr kommunikativ bin. Er war ja mein
> Regisseur, und ich hätte fragen wollen ›Wie stellen Sie sich
> denn dies oder das vor‹. Da er aber eisern geschwiegen hat,
> konnte ich auch gar nichts sagen, denn wenn du eine Stunde
> lang stumm mit jemandem gefahren bist, kommst du aus die-
> sem Schweigen nicht mehr heraus. Er hat sich von mir nicht in
> Small Talk führen lassen. Er war offensichtlich in einer ganz
> großen Angst vor dieser Arbeit. Und von dieser Autofahrt er-
> zählte ich Romy bei einem Abend in Hamburg – und da hat sie
> furchtbar gelacht ... und er hat schweigend zugehört.« (Regis-
> seur Michael Verhoeven über Harry Meyen; Gespräch mit dem
> Autor, November 2007)

alisierung von Strindbergs *Fräulein Julie*, sie als Schauspiele-rin, er ihr Regisseur. Dass es zu alledem nie kommen wird, Romy Schneider kein weiteres Mal auf einer Theaterbühne stehen wird, weiß man erst viel später.

1966 dreht Romy von März bis Mai *Schornstein Nr. 4* im Ruhrgebiet, in Oberhausen und Essen, Regie führt Jean Cha-pot. Es ist seit langem wieder eine französische Produktion. Erstmals steht sie mit Michel Piccoli vor der Kamera, fünf weitere gemeinsame Filme, darunter drei von Claude Sautet, sollen folgen. Und auch in Romy Schneiders letztem Film, *Die Spaziergängerin von Sans-Souci*, sind sie schließlich noch-mals zusammen zu sehen. Der zwölf Jahre ältere Michel Pic-coli dürfte denn auch als Romy Schneiders wichtigster Film-partner bezeichnet werden.

Im selben Jahr entsteht erstmals ein Film *über* Romy Schnei-der, da ist sie 27: Als der Münchner Regisseur Hans Jürgen Syberberg mit Romy im Frühjahr in Kitzbühel den Doku-mentarfilm *Romy – Portrait eines Gesichts* für den Bayerischen Rundfunk dreht, da entsteht eine dokumentarische Arbeit, die sie unverstellt zeigt, ungeschönt auch. Weswegen Harry

Vgl. *Romy – Portrait eines Gesichts*, S. 121 ff.

»Sie hatte immer das Gefühl, die Schule zu früh abgebrochen zu haben. Sie fühlte sich zu wenig gebildet, vor allem zu wenig für ihren Beruf. Sie hat dieses vermeintliche Defizit aufgeholt. Sie war so wissbegierig, hat alles gelesen, in drei Sprachen. Dennoch blieb ihr dieser Minderwertigkeitskomplex. Ein ewiger Berg, den sie erklimmen musste. Das war die Motivation hinter vielen Dingen. Und dann die ›höhere Tochter‹. Die Tochter aus gutem Haus. Aus bürgerlichem Haus. Nicht nur Künstler wie Visconti, sondern auch wie Zulawski waren eine Herausforde-rung, etwas abstreifen zu müssen, was immer noch mit dieser Bürgerlichkeit zu tun hatte. Das war ein Konflikt – unter den vielen Konflikten. Sie hatte immer das Gefühl, ›Ich hechel hin-ter etwas her, und ich muss das einholen, ich muss das wett-machen, und ich muss auch wettmachen, dass ich als 16-Jähri-ge geglaubt habe, was über mich geschrieben worden ist‹.« (Senta Berger über Romy Schneider; Gespräch mit dem Autor, November 2007)

Meyen, besorgt um das saubere Image seiner zukünftigen Frau, Syberberg mit 32 Schnittauflagen konfrontiert, während Romy Schneider selbst zu alledem nichts sagt. Eine unangebrachte Form von Zensur und auch eine Form der Bevormundung seiner Frau, die sich später noch verstärken wird. Für Meyen ist sie ganz Bauchmensch, eine ausschließlich von Intuition und Gefühl geleitete Person, während er selbst eher der rationale Kopfmensch ist, der gebildete Intellektuelle. Zwei sehr unterschiedliche Menschen, auch und gerade in ihrem Bildungsstand: »Meyen ist mir so überlegen, er gibt mir eine ganz neue Sicherheit. Ich brauche einen Mann, der bestimmt, was mir guttut, und nicht irgendeinen Jungen.« (Juli 1966; IR, S. 241) Er lässt sie spüren, dass er sich ihr intellektuell überlegen glaubt, stellt seine Frau sogar öffentlich bloß – so etwa in der Talkshow *Der Stargast* 1971.

Bereits zu jener Zeit hat er seine von ihm so genannte Migräne, Schlafstörungen und Depressionen. Für Harry Meyen ist das Schmerzmittel Optalidon die Allzweckwaffe, was zur Folge hat, dass er zumeist mit Schlafbrille über den Augen bis in den Mittag hinein schläft. Waren es bei Delon der Champagner und der Rotwein, so sind es bei Meyen die Optalidon-Tabletten, die auch für Romy Schneider irgendwann zur Normalität gehören. Der Griff zu Alkohol und Tabletten, er wird zur Gewohnheit. Eine langfristig fatale Kombination. Ein unbewusster Suizid auf Raten.

Die Depressionen, die Harry Meyen hat – und die später umso mehr zunehmen, je erfolgloser er wird und je erfolgreicher zugleich Romy seit ihrem Comeback mit *Der Swimmingpool* in Frankreich ist –, führen ihn schließlich in den Abgrund, als er ohne Romy Schneider, ohne ihre Bewunderung, jeglichen Halt im Leben verloren hat.

Nach einigen Versteckspielen vor der Presse, Treffen in Hotelzimmern, vermeintlich heimlichen Spaziergängen durch Parks, verlässt der bekannte Frauenverführer Harry Meyen seine Frau, Anneliese Römer, Weihnachten 1965 und lässt sich schließlich im Mai 1966 nach über zwölf Jahren von ihr scheiden. Bis dahin hatte sie versucht, auch diese »Affäre«, als welche sie die Verbindung zwischen ihrem Mann und der deutlich jüngeren Kollegin betrachtete, zu ertragen. Mit ihr gibt Harry Meyen vieles auf, und er wird es in dieser Form mit und bei Romy Schneider nicht wiedererlangen. Zwei labile Menschen können einander keinen Halt geben. Romy Schneider zahlt für Harry Meyen die Abfindung von 200 000 Mark, die Anneliese Römer bei der Scheidung zugesprochen wird.

Als Romy unter der Regie von James-Bond-Regisseur Terence Young in dem aufwendigen Agenten-Spionagethriller *Spion zwischen zwei Fronten* die Comtesse spielt, da steht – neben Gert Fröbe, Christopher Plummer und Yul Brynner – auch Harry Meyen mit ihr vor der Kamera, in der Nebenrolle des Sturmführers Keller. Während dieser Dreharbeiten, die sie erst nach Paris, dann an die Côte d'Azur führen, heiraten Romy Schneider und Harry Meyen, am 15. Juli 1966, in Saint-Jean Cap Ferrat bei Nizza. Romys Brautkleid stammt von der von ihr als Freundin bezeichneten Coco Chanel. Der Dreh von *Spion zwischen zwei Fronten* geht im Anschluss in den Studios von Nizza weiter und Romy ist im fünften Monat schwanger. Das Ehepaar bezieht eine Wohnung in Berlin-Grunewald. Am 3. Dezember schließlich, morgens um 9 Uhr, wird Sohn David-Christopher Haubenstock im Rudolf-Virchow-Krankenhaus in Berlin geboren. Für Romy Schneider beginnt hiermit vollends der Rückzug ins Privatleben, sie dreht anderthalb Jahre gar nicht mehr. »Jetzt habe ich endlich einen Mann, der mich bis ans Ende meiner Tage lieben wird«, notiert sie sich an diesem Tag (3. Dezember 1966; IR, S. 242). Eine Zeit der Ruhe. Familienleben. Zurückgezogenheit. Nur Beständigkeit, das ist nichts, was das Leben und den Charakter von Romy Schneider ausmacht. All das, was sie jetzt gerade hat und lebt, wird nicht von langer Dauer sein.

Geburt von Sohn David-Christopher

> »Mein liebster Pappi … Ich hoffe, wir können Dich bald sehen, vor allem mußt Du Deinen Enkelsohn kennenlernen, denn ›das‹ ist schon sehenswert, ein entzückender Hosenscheißer und komisch! So komisch: Er macht dauernd Grimassen und hat schon seinen Dickkopf und ist sehr hübsch: … Hab' ich das gut gemacht mit meinem Buam?« (Brief Romy Schneiders an ihren Vater Wolf Albach-Retty, Januar 1967; IR, S. 245)

Wieder ein Abschied: Im darauffolgenden Januar 1967 schreibt Romy Schneider ihrem Vater Wolf Albach-Retty einen Brief. David ist gerade einmal einen guten Monat alt. Der Schlusssatz des Briefes wirkt wie eine einzige Bitte um Bestätigung, um Anerkennung.

Nachdem er wenige Jahre zuvor schon einen Herzinfarkt erlitten hat, liegt Wolf Albach-Retty nun, im Januar 1967, nach einem zweiten Infarkt in einer Wiener Klinik. Den ersten hatte der Vollblutschauspieler Albach-Retty auf der Bühne, und er spielte weiter bis zum Ende, zumal dort unten im Publikum seine Tochter Romy und sein Sohn Wolfi saßen, da bricht man nicht einfach ab und geht von der Bühne. Danach erst ließ er sich ins Krankenhaus bringen. Nach dem zweiten Infarkt reist Romy Schneider zu ihm, Vater und Tochter sehen sich ein letztes Mal. Sie muss draußen auf dem Gang der Klinik warten, bis er drinnen ordentlich gekämmt ist und unter großer Kraftanstrengung aufrecht im Bett sitzen kann. Bereits am 21. Februar 1967 stirbt Wolf Albach-Retty. Er wird nur 60 Jahre alt. Seinen Enkel David-Christopher hat er nie gesehen.

Tod von Vater Wolf Albach-Retty

Wen es denn noch aufrege, was »die olle Schneider« mache, sagt sie bereits zu dieser Zeit, 1967, in jenem Jahr, in dem sie gar nicht mehr dreht. In jenem Jahr, in dem sie »nur« noch Privatperson ist. In dem sie den Kinderwagen mit David

schiebt und in dem Fotoalbum – das sie am Vorabend von Davids Geburt anlegt und bis zu seinem ersten Geburtstag führt – neben einem Foto, das sie mit Kinderwagen und Harry Meyen abbildet, notiert: »Spazierengehen – Vater etwas auf Distance – Schieben tut er erst viel später – .« Die ersten Brüche werden langsam erkennbar, Romys Zerrissenheit zwischen Ehe und Mutterschaft einerseits und der Sehnsucht und Sucht, wieder vor der Kamera zu stehen, andererseits. Obgleich sie später öfter sagen wird, die zwei bis drei Berliner Jahre mit Harry und David seien die schönsten, glücklichsten ihres Lebens gewesen.

Familienglück auf Zeit: Romy Schneider und Harry Meyen mit Sohn David

Die Dinge des Lebens: Sautet und die französischen Jahre des Erfolgs (1968-1978)

Romy Schneiders Rückkehr zum Film beginnt mit *Otley*, den sie im Frühjahr 1968 in London dreht. Eine englische Agentenkomödie, von Dick Clement inszeniert, die weder in Deutschland noch in Frankreich in den Kinos lief. Im Mai, ein gutes Jahr nach ihrem leiblichen Vater Wolf Albach-Retty, stirbt auch Romy Schneiders Stiefvater Hans-Herbert »Daddy« Blatzheim. Stets hatte sie ein ambivalentes Verhältnis zu ihm. Ob jene tradierte Legende, Blatzheim habe sich seiner Stieftochter in den fünfziger Jahren mehrfach körperlich annähern wollen – was letztendlich auf Missbrauch hinauslaufen würde – auf wahren Begebenheiten beruht, das gehört zu den vielen nicht wirklich belegbaren Unwägbarkeiten ihrer Vita. Verifizierbar ist, dass sich auf den von Blatzheim seit *Sissi*-Zeiten über Jahre verwalteten Konten längst nicht mehr die Beträge befinden, die er mit ertragreichen Anlagen der Gagen seiner Stieftochter angeblich erwirtschaftet hatte. Im Gegenteil: Es stellt sich heraus, dass

> »Ich fühle mich endlich sicher, ich weiß, was ich will, und ich verliere das nicht mehr. In meiner Arbeit war ich noch nie so frei und so sicher wie jetzt.
> Ich bin in den letzten zwei Jahren auch äußerlich viel mehr mein eigener Typ geworden. [...]
> Ich vermisse nichts. Überhaupt nicht. Ich hab' ja alles, einen Mann, ein Kind, einen Beruf.« (Romy Schneider am 30. September 1968; IR, S. 254)

Blatzheim mit seiner Firma Thyrsos Gelder, Romy Schneiders Gelder eben, veruntreut, verloren hat, dass der umtriebige Geschäftsmann und Restaurantkettenbesitzer sich verspekuliert hat.

Doch ungleich bedeutender und relevanter für Romys eigenes Leben dürften die sich über die Sommermonate August und September erstreckenden Dreharbeiten zu Jacques Derays *Der Swimmingpool* sein. Der Dreh in Ramatuelle bei St. Tropez bringt Romy Schneider und Alain Delon wieder zusammen vor die Kamera. Er hatte sie angerufen, gefragt, ob sie wieder drehen wolle, mit ihm zumal, unten an der Côte d'Azur. Und sie hat ja gesagt. Hat sich entschieden. Nicht mehr nur noch Mann und Kind in der Vierzimmerwohnung in Berlin-Grunewald. Weg aus der Bürgerlichkeit, wieder hin zum Film. Die Presse überschlägt sich mit Spekulationen, ob

Vgl. *Der Swimmingpool*, S. 88 ff.

sie wieder ein Paar sind, was sich während der Dreharbeiten vor und vor allem hinter der Kamera tatsächlich abspielt. Harry Meyen kommt nach St. Tropez und besucht seine Frau am Set. Da sitzt er dann während der Aufnahmen unweit des Swimmingpools im Stuhl und sieht zu, wie sich Romy und ihr früherer Lebensgefährte im und am Pool vor der und für die Kamera in Zärtlichkeiten ergehen. Eine letztendlich absurde Situation. Und alle am Set nennen ihn untereinander ironisch-süffisant nur »les lunettes«, »die Brille«.

Am 31. Januar 1969 hat *Der Swimmingpool* Premiere in Paris, der Film wird ein Erfolg, und es ist denn auch eine Art Comeback für Romy Schneider. Die beiden englischen Filme, die kurz vor und kurz nach Derays Liebesthriller gedreht wurden, erst *Otley,* dann *Inzest* (Regie: John Newland), waren völlig erfolglos und sind zu vernachlässigen. Die eigentliche Rückkehr der Schauspielerin auf die Leinwand markiert *Der Swimmingpool* und mit ihm eine weitere französische Produktion, *Die Dinge des Lebens*, die zugleich ein neues Bild der Romy Schneider entwerfen und etablieren. Sie dreht *Die Dinge des Lebens* von Juni bis August in Paris und Umgebung sowie in La Rochelle. Es ist der erste von insgesamt fünf gemeinsamen

Claude Sautet

Filmen mit Regisseur Claude Sautet und eine ihrer wichtigsten und erfolgreichsten Arbeiten überhaupt. Die Premiere findet im März 1970 zunächst in Paris statt und wird dann im Mai auf den Filmfestspielen in Cannes gefeiert.

Fortan dreht sie, einmal mehr, nonstop, Film auf Film: *Die Geliebte des anderen* (Regie: Leonard Keigel), *Bloomfield* (Regie: Richard Harris), *La Califfa* (Regie: Alberto Bevilacqua).

»Sautet und Romy Schneider, das ist ein wenig wie Marlene und Josef von Sternberg, ein in Bronze gegossenes Paar: Regisseur und Akteur.« (*Paris Match*, 11. Juni 1982)

Und den düsteren, Stilmittel des Film noir einsetzenden *Das Mädchen und der Kommissar*, erneut mit Michel Piccoli und unter Claude Sautets Regie. Piccoli ist Max, der Kommissar, und Romy ist Lily, die Prostituierte. Er will sie für seine Zwecke benutzen, um endlich einmal eine Bande kleiner Gauner, die ferrailleurs, bei ihrem Coup, einem Bankraub, auf frischer Tat zu ertappen, und gibt sich als ein anderer aus, als wohlhabender Bankier. Und sie, die sie den Gaunern nahesteht, sie glaubt ihm zunächst. So kommen sie sich näher. Doch der Fall des Kommissars Max über seine eigenen Stricke ist schlussendlich unausweichlich. Ein Polizeidrama, vielleicht auch ein Liebesdrama, ein Genrefilm gewiss, der moralisch und amoralisch zugleich ist, von Sautet bewusst kühl und artifiziell angelegt, in völliger Klarheit und Strenge.

Während der Dreharbeiten zu *Bloomfield*, bei dem Richard Harris nicht nur die Hauptrolle spielt, sondern auch Regie führt, hat Romy Schneider eine Affäre mit Harris. Ohnehin ist es die Zeit, in der sich Romy und Meyen seltener sehen, sie wieder in Paris ist, der Stadt und dem Land, dessen Sprache er nicht spricht, er also in Deutschland bleibt und beide, wie es heißt, anderweitig Affären haben. Da setzt auch hier wieder die Entfremdung ein, wie damals zwischen ihr und Delon, wo sie sich nur noch sporadisch beim Dreh des anderen am Set besuchten, keine gemeinsame Zeit miteinander hatten, nur noch das Drehen da war, dieses ewige Drehen, meist an zwei weit voneinander entfernt gelegenen Plätzen dieser Welt. Jene Entfremdung, die hier nun später, 1973, auch erst zur Trennung, 1975 dann zur Scheidung von Meyen führt.

An der vielkolportierten Affäre mit Simone Signoret, damals bereits mit Yves Montand verheiratet, ist wahrscheinlich ebenso wenig dran wie an der vermeintlichen Verbindung zu anderen Frauen. Etwa auch zu jener namenlosen Unbekannten in Berlin, von der gegen Ende ihres Lebens die Rede ist, als sie fest mit Laurent Pétin in Paris lebt. Dass Romy Schneider an Frauen sexuell interessiert war, wird von ihren Freunden, denen gegenüber sie, was ihre Liebesbeziehungen anging, immer sehr offen war, eher bezweifelt. Dass sie der *Emma*-Herausgeberin Alice Schwarzer so etwas in einer der zwei Begegnungen 1976 gesagt habe, mag auch darauf zurückzuführen sein, dass Schwarzer die Schauspielerin nach lesbischen Neigungen und Verbindungen gefragt hatte und Romy Schneider spielerisch darauf einging.

Eine ganz andere Affäre hingegen, nämlich jene mit dem seinerzeit ebenfalls verheirateten Kollegen Bruno Ganz, ist wiederum authentisch: Romy entdeckt Ganz an Weihnachten 1971 für sich, als sie bei Hildegard Knef Peter Steins Berliner

Schaubühnen-Inszenierung von *Peer Gynt* im Fernsehen sieht. Und nicht nur die Knef weiß davon blumig ausschmückend wie ausschweifend in ihrem ein Jahr nach Romy Schneiders Tod erschienenen Buch zu erzählen, einem Buch, das auf einer von der *Bunten* bei ihr zuvor im Todesjahr in Auftrag gegebenen Reihe basiert und den Titel *Romy – Betrachtung eines Lebensweges* trägt. Wirkliche Freundinnen, die ihre Leben betrachten können, das sind Romy Schneider und die Knef, die sich kaum kennen und meist an unterschiedlichen Orten arbeiten, jedoch gar nicht. Sie verbringen drei Abende miteinander, die Paare Schneider-Meyen und Knef-Cameron, und man begegnet sich auf einem Ball. Ein »Porträt von hastiger Hand« nennt es denn auch die seriöse Presse (Christa Rotzoll; *Süddeutsche Zeitung*, 28. Juni 1983). Auch Knefs Ehemann David Cameron oder gemeinsame Kollegen und Bekannte von Bruno Ganz und Romy Schneider berichten seinerzeit von der Verbindung. Kurz und leidenschaftlich sei diese gewesen, im darauffolgenden Jahr 1972.

1971 steht sie abermals mit Alain Delon vor der Kamera, in Joseph Loseys Politstück *Das Mädchen und der Mörder – Die Ermordung Trotzkis*. Am 5. Juni 1971 tritt Romy zusammen mit Ehemann Harry Meyen in Henno Lohmeyers Talkshow *Der Stargast* (SFB) auf. Tags darauf wird eine ganz andere Debatte publizistisch angeheizt, jene um den neuralgischen Paragraphen 218: Romy Schneider und andere prominente Frauen werden auf der *Stern*-Titelseite unter der Heft-Überschrift »Wir haben abgetrieben!« abgebildet. Insgesamt bekennen sich in dem Heft 374 Frauen öffentlich, abgetrieben zu haben. Jahre später bekennt Alice Schwarzer wiederum, selbst gar nicht abgetrieben zu haben.

Vgl. *César und Rosalie*, S. 99 ff. Für das Porträt einer ménage à trois, *César und Rosalie*, spielt Romy mit ihren Partnern Yves Montand und Sami Frey 1972 zum dritten Mal unter Claude Sautets Regie, bevor sie 1973 wieder Film auf Film dreht, sodass für etwas anderes, für das Leben etwa, überhaupt keine Zeit mehr bleibt: den (Anti-) Kriegsfilm *Le Train – Nur ein Hauch von Glück* (Regie: Pierre Granier-Deferre), die allzu seichte Schwärmerei *Sommerliebelei* (Regie: Jean-Claude Brialy), die erotisch-flapsige Komödie

Das wilde Schaf (Regie: Michel Deville), die makaber-düstere, auf einem historisch-authentischen Vorfall von 1931 basierende Skandalgroteske *Trio Infernal* (Regie: Francis Girod). Das eigentliche Leben von Romy Schneider, neben all der nahezu pausenlosen Filmerei, in welchem sie auch zunehmend wieder zu Alkohol und Tabletten greift, bringt die Trennung von Harry Meyen mit sich. Sie lebt nun wieder ganz in Paris, in der für sie und David angeschafften Wohnung in der Rue Berlioz im 16. Arrondissement, zwischen Arc de Triomphe und Bois de Boulogne. Harry Meyen bleibt in seiner Heimatstadt Hamburg. Am 4. Juni 1973 fällt der Beschluss einer Gütertrennung, und Harry Meyen erhält circa 1,4 Millionen Mark aus Romy Schneiders Vermögen, was auch ihm, wie später noch ungleich mehr Daniel Biasini, den Ruf des finanziellen Profiteurs einbringt. Auf Biasini trifft dies jedoch wesentlich mehr zu als auf den zu dieser Zeit schon recht labilen Meyen, der die Summe für David anlegt.

Zu den wesentlichen Filmen Romy Schneiders Mitte der siebziger Jahre zählt *Nachtblende* des polnischen Regisseurs Andrzej Zulawski, in dem sich ihr in den letzten Jahren allmählich aufgebautes neues, sehr weibliches Erscheinungsbild manifestiert. Es ist die Zeit nach »68«, nach der Studentenbewegung, die Zeit der freien Liebe. Und ihr »Look« ist nicht mehr jener der *Sissi*-Epoche und auch nicht mehr jener des Pariser Chic à la Coco Chanel. Sie hat ihren ureigenen, individuellen Stil. Erfindet sich, einmal mehr, neu. Dazu gehört auch, dass sie sich in den siebziger Jahren gerne und öfter mal vor den Kameraobjektiven ausgesuchter Fotografen für Aktporträts auszieht, um der Welt und vor allem sich selbst zu zeigen, dass sie noch jung, schön und begehrenswert ist. Ganze Fotoserien werden in Zeitschriften und später auch in Bildbänden publiziert – so etwa jene von Eva Sereny in Rom aufgenommenen oder jene, die Giancarlo Botti in ihrem Haus fotografiert hat.

Im gleichen Jahr noch, 1974, nach dem intensiven Dreh mit Zulawski, entsteht an der Côte d'Azur Claude Chabrols in der Filmographie Romy Schneiders völlig unterschätzter Psychothriller *Die Unschuldigen mit den schmutzigen Händen*. Ihr

Claude Chabrol

Partner Rod Steiger und sie geben zusammen das Abbild einer völlig zerrütteten Ehe – er vom Alkohol zerfressen, sie vom Hass und von Mordgelüsten. Als ein Dritter mit ins subtil-sinistre Spiel kommt, nimmt das Unheil seinen Lauf. Romy Schneider, bildschön und eiskalt, undurchsichtig und undurchdringlich, sie bewegt sich in der Rolle der Julie wie ein dunkler Engel über das mondäne Anwesen. Als sie eines Nachts ihren Mann oben im Schlafzimmer im ersten Stock schlafend wähnt, da geht sie die Treppen hinauf, selbst ganz in Schwarz gekleidet, steht im dunklen Zimmer, einem Todesengel gleich, und drischt mit einem schweren Stock auf den bedeckten Körper ein. Es ist eine Sequenz von beklemmender Brutalität. Und auch wenn Romy Schneider und Claude Chabrol nicht miteinander zurechtkommen, wenn sie in dem sich am Set mit Regieanweisungen stets sehr zurückhaltenden Nouvelle-Vague-Mitbegründer nicht den Regisseur hat, den sie gebraucht hätte, so ist Chabrols abgründige Seelenstudie dennoch zu ihren besseren Filmen zu zählen.

> »Ich bin eine Schauspielerin, die sehr von ihrem Regisseur abhängig ist. Das ist einer der Gründe, weshalb ich mich nicht mit Chabrol verstanden habe. Später hat er eingesehen, daß wir nicht dafür geschaffen waren, miteinander zu arbeiten. Er hat mich allein gelassen vor der Kamera, was ich nicht ertrage. Ich brauche die Herausforderung wie bei Zulawski oder eine große Komplizenschaft wie mit Visconti, Welles oder Sautet.« (Romy Schneider, Interview mit Claude Gauteur für *Le Film français;* zit. n. Seydel 1987, S. 231)

Daniel Biasini

Zu dieser Zeit, im Sommer 1974, hat Romy Schneider bereits ein Verhältnis mit dem neun Jahre jüngeren Daniel Biasini, den sie im Jahr zuvor bei den Dreharbeiten zu *Le Train* kennenlernte. Er wird – auch auf Empfehlung Dritter – Romys Privatsekretär. Und dann alsbald mehr.

Noch unruhiger wird das Jahr 1975 für Romy Schneider, in dem sie zunächst Robert Enricos *Das alte Gewehr* (auch: *Abschied in der Nacht*) dreht, zusammen mit Philippe Noiret. Wie zuvor schon *Le Train* und hernach noch *Gruppenbild mit Dame* ist dieses Drama ein weiterer ihrer in der Zeit des Zwei-

ten Weltkriegs angesiedelten Filme, in denen sie Frauen jü-
discher – deutscher oder französischer – Herkunft spielt, die
auf der anderen Seite stehen, selbst ein Opfer sind. Später sagt
sie einmal, sie stehe zu diesen Rollen und sie habe insbesondere mit der im Herbst 1976 in Berlin gedrehten Böll-Verfil-
mung *Gruppenbild mit Dame* »alles wieder gutmachen wollen«. So sind diese Rollen auch durch das schlechte Gewissen
der nach Frankreich exilierten Deutschen bedingt. *Das alte
Gewehr* wird gerade in Frankreich ein großer Erfolg.

Im Juli 1975 steht schließlich die Scheidung von Romy
Schneider und Harry Meyen an. Da verbringt sie bereits den
Sommer mit Daniel Biasini an der Côte d'Azur, in der Nähe
von St. Tropez. Beide sind nun auch für jedermann sichtbar
ein Paar und – Romy ist schwanger. Am 18. Dezember 1975
heiratet der Star Romy Schneider den Sekretär Daniel Biasini

**Scheidung Harry
Meyen – Romy
Schneider**

**18. Dezember
1975: Romy
Schneider und
Daniel Biasini
heiraten. Mit
dabei ist Sohn
David.**

standesamtlich im Hotel »Gerhus« in Berlin, in jener Stadt, in der David zur Welt kam, in der sie immer wieder so gerne hätte arbeiten wollen, sei es auf der Bühne oder vor der Kamera. Die eigentliche Hochzeitsfeier jedoch findet noch am selben Abend in Paris statt, in Jean-Claude Brialys Restaurant »L'Orangerie« auf der Île de la Cité unweit Notre-Dame, wo auch Magda Schneider mit ihrem Lebensgefährten Horst Fehlhaber zugegen ist sowie Bruder Wolf-Dieter, Sohn David und gute Freunde wie Claude Sautet.

Kurz darauf, im Januar 1976, erleidet Romy Schneider eine Fehlgeburt. Abermals spekuliert die Presse über die Ursachen und Hintergründe, sie war im fünften Monat schwanger, von einem Unfall ist die Rede, Biasini habe am Steuer gesessen. Am 3. April wird sie erstmals mit dem »César«, der höchsten französischen Auszeichnung Filmschaffender, für ihre Darstellung in *Nachtblende* und *Das alte Gewehr* ausgezeichnet. Im Frühjahr 1976 dreht sie – nach einem erneuten Kuraufenthalt im bretonischen Quiberon – ein weiteres Mal zusammen mit Philippe Noiret, in Griechenland, für Pierre Granier-Deferres Politfilm *Die Frau am Fenster*.

Der Sommer dieses Jahres bringt die vierte und vorletzte Zu- *Mado* sammenarbeit zwischen Romy und Sautet mit sich: *Mado*. Hélène heißt ihre Rolle, just so wie damals in *Die Dinge des Lebens*. Eine alkoholkranke Frau ist diese Hélène. Eine Einsame auch, eine Verlassene. Eine, die an der ungelebten Liebe zerbrochen ist. Ungeschminkt spielt Romy hier. Und so destruktiv und deprimierend dieses Bild einer Frau ist, so sehr scheint sie hier ganz bei sich zu sein, authentisch, wahrhaftig. Zwischen der Rolle und dem Leben scheint kein Unterschied mehr zu bestehen. Und so hat die Sequenz etwas zutiefst Beklemmendes. Sautet erfährt erst später, dass Romy Schneider gerade zu dieser Zeit wieder starke Alkoholprobleme hat und dass es für sie ein immenser Kraftakt sein musste, eine solche Frau zu »spielen«.

Die entscheidende Sequenz beginnt nach 50 Filmminuten. Sie spielt in Hélènes verdunkeltem Schlafzimmer. Simon (Michel Piccoli) besucht Hélène, fast ein Jahr haben sich die beiden nicht mehr gesehen, sie, die sie früher einmal ein Paar waren. Aber er wollte sie nicht heiraten, kann über Gefühle nicht reden, ist in sich gefangen. Ihre Blicke sprechen immer noch von Liebe. »Meine Verfassung ist nicht die beste, hättest du mich angerufen, dann hätte ich mich schön gemacht. – Es ist so schlimm, Simon, ich muss aufhören, ich *muss* unbedingt aufhören.« Das Trinken meint sie damit, und ihr laufen dabei die Tränen. Sie sieht völlig zerstört aus. Als sie sich dann rasch zurechtmacht, da auch Simon wieder wegmuss, sitzen sie hernach im Taxi. Da sitzt dann die Andere. Da sitzt eine Romy Schneider, mit streng zu einem Knoten zurückgebundenen Haaren, geschminkt, fast unnahbar wirkend. Als sie zuerst aussteigt, er noch weiter muss, da dreht sie sich noch einmal um und blickt ihn an, und er sieht ihr hinter der Autoscheibe nach. Es sind dieselben Blicke wie in *Die Dinge des Lebens*: Blicke durch Scheiben und Fenster. Sich sehen können, aber sich nicht erreichen können. Blicke sich Liebender, die nicht zueinander kommen. Diese zehn Minuten sind die intensivsten des ganzen Films. Und mitunter wird *Mado* wegen dieser einzigen Szene zwischen Romy Schneider und Michel Piccoli zu ihren und Claude Sautets besten Arbeiten gezählt.

Im Herbst 1976 dreht Romy Schneider in Berlin. Wieder eine Rückkehr. Unter der Regie des Jugoslawen Aleksandar Petrović entsteht die desaströs misslungene Heinrich-Böll-Verfilmung *Gruppenbild mit Dame*. Es ist ihr erster (und einziger) deutscher Film seit vielen Jahren. Zurück im Land, aus dem man sie vertrieb. Alle beobachten sie auf Schritt und Tritt, wie sie sich auf deutschem Boden verhält, und da ist »diese verdammte Scheiß-Presse, die mich kaputt macht« (20. Januar 1977; IR, S. 307). Während des sehr schwierigen, anstrengenden und mit einem Presseverbot belegten Drehs mit einem »völlig überforderten hilflosen Regisseur Petrović« sei Romy »schutzbedürftig und zugleich unberechenbar wie ein Tier« gewesen, »hatte sie Angst vor den Leuten am Set und die Leute vor ihr« (Schauspielerin Isolde Barth; Gespräch mit dem Autor, September 2007). Anfang Dezember, kurz nachdem ihr Sohn David zehn Jahre alt geworden ist, findet schließlich eine Begegnung zwischen Heinrich Böll und Romy Schneider statt, im Haus des Schriftstellers in Köln. Zuvor schreibt sie ihm

Heinrich Bölls
Gruppenbild mit
Dame

(Von links:) Romy
Schneider mit
Volker Schlön-
dorff und Marga-
rethe von Trotta,
München 1971

(Von links:) Romy Schneider mit Volker Schlöndorff und Margarethe von Trotta, München 1971

Briefe, die sie ob ihrer Verehrung und Angst jedoch nie abschickt.

Sie will auch immer gerne im Neuen Deutschen Film der siebziger Jahre Fuß fassen, möchte etwa mit Volker Schlöndorff und Rainer Werner Fassbinder (der sie für *Die Ehe der Maria Braun*, 1978, in Erwägung zieht) zusammenarbeiten, trotz verschiedener Gespräche in München kommt es aber nie dazu. Als Volker Schlöndorff und seine damalige Frau, die Schauspielerin und Regisseurin Margarethe von Trotta, gemeinsam Bölls *Die verlorene Ehre der Katharina Blum* (1975) mit Angela Winkler in der titelgebenden Rolle verfilmen, da äußert Romy Schneider, dass sie diese Rolle so gerne gespielt hätte. Der Zufall will es, dass Schlöndorff und von Trotta zuvor just jenen Böll-Stoff für die Leinwand adaptieren wollten, in dem Romy Schneider schließlich mitwirkt, *Gruppenbild mit Dame*.

Noch während der in Wien und Zwettl fortgesetzten Dreharbeiten zu dem Böll-Film bemerkt Romy im Winter 76/77, dass sie erneut schwanger ist. Und so ist der Sommer des Jahres 1977 denn auch von zwei Ereignissen geprägt: Am 24. Juni wird Romy Schneider ausgerechnet für ihre Darstellung in *Gruppenbild mit Dame* mit dem Deutschen Filmpreis in Gold ausgezeichnet. Am 21. Juli schließlich kommt ihre Tochter Sarah Magdalena in Gassin bei St. Tropez als Frühgeburt per

**Geburt von
Tochter Sarah**

> »Zur Verfilmung der *Katharina Blum* ist es ja nur gekommen, weil ich eigentlich *Gruppenbild mit Dame* machen wollte, wir auch für ein Jahr die Rechte von Heinrich Böll erworben hatten, aber die Finanzierung in Deutschland nicht zusammenbekamen. Daraufhin erhielten Böll und sein Verlag ein anderes Angebot aus Frankreich – und das war dann der Petrović mit der Romy. Und kurz darauf hat Böll mir geschrieben: ›Ich hätte etwas anderes für Sie‹, und hat mir die Druckfahnen von der *Katharina Blum* geschickt, dann ging alles ganz schnell.« (Regisseur Volker Schlöndorff; Gespräch mit dem Autor, April 2007)

Kaiserschnitt zur Welt und wird zunächst in einem Krankenhaus in Nizza im Brutkasten versorgt. Zuvor hat Romy bereits ein Anwesen in Ramatuelle bei St. Tropez gekauft. Hier will sie nun leben, in Paris nur noch eine kleine Wohnung halten. Wieder ein Versuch, mehr Privatheit zu leben, abermals eine Familie zu gründen, diesmal eine intakte. Doch so, wie sich die Ausgaben Daniel Biasinis für Yachten und Autos häufen, hat er doch Zugang zu all ihren Konten, so häufen sich seine Abende mit den »Mannequins« in irgendwelchen Pariser Clubs. Der Anfang vom Ende auch dieser Bindung, die 1981 geschieden wird, er ist zu dieser Zeit längst schon für viele Umstehende erkennbar. Nur für eine nicht – für Romy selbst. Sie weiß darum und will es nicht wissen. Sie zieht keine Grenzen; das Opfer macht sich erneut zum Täter. Damit einher geht auch ihr Drang, sich immer wieder erniedrigen zu lassen. Ein altes Muster, eine Struktur, die sie selbst bedient und bedienen lässt.

> »Ich bin wohl recht unlebbar für mich selbst – und schon gar für andere.« (Romy Schneider am 20. Januar 1977; IR, S. 308)

Bedingt durch Schwangerschaft und Geburt dreht Romy Schneider nach der Böll-Adaption vorerst nicht mehr. Das Jahr 1977 ist, wie zuvor schon die Zeit um 1967, eines ohne Filme, ohne Dreherei. Erst mit *Eine einfache Geschichte*, der letzten Zusammenarbeit mit Claude Sautet, kehrt sie im Sommer 1978 zurück an ein Filmset. Sautet, »der die Frauen genauso liebt wie Bergman« (*Le Monde*), hat die Rolle der Marie extra für Romy geschrieben. »Ich mußte diesen Film spielen, der irgendwo auch ein Film über mich ist« (31. Au-

Eine einfache Geschichte

gust 1978; IR, S. 311). Anschließend wirkt sie noch in Terence Youngs teils in München gedrehtem, mit Audrey Hepburn, James Mason, Gert Fröbe und Maurice Ronet überaus namhaft besetztem, jedoch äußerst mittelmäßigem Upper-Class-Krimi *Blutspur* mit. Da ist Romy Schneider 40.

Das Nahen der Nacht: Schicksalsschläge, Abschiede (1979-1982)

Tod Harry Meyens

Als Harry Meyen sich am 15. April 1979, ausgerechnet am Ostersonntag, halbnackt, nur mit einem Hemd und einer Unterhose bekleidet, mit einem Seidenschal im Feuerschacht seines Hamburger Wohnhauses erhängt, da ist er gerade einmal 54 Jahre alt. Er ist seit vier Jahren von Romy Schneider geschieden und auch größtenteils von seinem Sohn David getrennt, der fernab in Paris lebt. Beruflich steht er an einem Nullpunkt, seit Jahren schon ist er depressiv, nimmt Tabletten, trinkt. Entziehungskuren und Klinikaufenthalte konnten ihm nicht helfen. Eine Sackgasse. Für Romy Schneider mag mit diesem Suizid des leiblichen Vaters ihres Sohnes ein Gefühl von Mitschuld einhergehen, dem sie nicht gewachsen ist. Sie sagt zu dieser Zeit, sie sei nach Hamburg gekommen, da sie es Harry und dem gemeinsamen Sohn David schuldig sei. Mit diesem 15. April 1979 beginnt eine Serie tragischer Schicksalsschläge, nach den vorausgegangenen Trennungen und Verlusten, die sie bis dato ohnehin schon hat erleiden müssen. Zuvor, zu Beginn des Jahres, erhält sie am 3. Februar in Paris zum zweiten Mal den »César«, diesmal für ihre Rolle in Sautets *Eine einfache Geschichte*. Und im Frühjahr dreht sie zusammen mit Yves Montand in Paris den sperrig-unzugänglichen, von Constantin Costa-Gavras inszenierten Liebesfilm *Die Liebe einer Frau*

Romy Schneider erhält in Paris den renommierten »César«, 1979

über zwei Erwachsene, alleinstehend, einsam.

Nachdem sie noch 1979 unter der Regie von Bertrand Tavernier das epische Science-Fiction-Drama *Der gekaufte Tod* im schottischen Glasgow abgedreht hat, zusammen mit dem damals noch nicht so bekannten Method-Acting-Schauspieler Harvey Keitel (*Taxi Driver*, 1976), steht Romy Schneider im

Jahr darauf erst für Francis Girods *Die Bankiersfrau* vor der Kamera und dann im Herbst zusammen mit Marcello Mastroianni für Dino Risis parapsychologische Geschichte *Die zwei Gesichter einer Frau*. Bei den Dreharbeiten, die in Italien stattfinden, lernt Romy Schneider den zehn Jahre jüngeren Produktionsleiter Laurent Pétin kennen, der Daniel Biasini nicht unähnlich sieht. Sie werden ein Paar, und sie werden bis zu ihrem Tod zusammenbleiben. Pétin wird später der Mann sein, der sich am meisten um Romy Schneider kümmert, geradezu aufopfernd. Ein anderer Verlust stellt sich noch im Sommer 1980 ein: Am 26. August stirbt Romys Großmutter Rosa Albach-Retty in Wien im geradezu biblischen Alter von 105 Jahren.

Laurent Pétin

1981 ist für Romy Schneider das schlimmste ihrer Lebensjahre. Wie in einem denkbar schlechten Film reiht sich Schicksalsschlag an Schicksalsschlag, und es lässt die Weltpresse denn auch von einer Tragödin schreiben. Zunächst trennen sich Romy Schneider und Daniel Biasini im Februar endgültig. Die Beziehung ist längst unlebbar geworden, ein Kampf nicht zuletzt auch um David, der bei Biasinis Eltern lebt, nicht bei seiner Mutter. Im März 1981 dreht sie unter der Regie von Claude Miller das formidable Kammerspiel *Das Verhör*, ihre Partner sind Michel Serrault und Lino Ventura. Es ist eine kleine Rolle in einem großen Film. Und auch in diesem Frühjahr, im April, geht sie einmal mehr in jene Kurklinik im Seebad Quiberon in der Bretagne, in der sie sich aufhält, um sich zu entgiften, um wegzukommen von den Süchten, früher außerdem, um abzunehmen. Doch auch hier liegen die Tabletten auf dem Nachttisch, muss der Alkohol die Depressionen und Angstzustände betäuben, die körperlichen Schmerzen auch. Dem kurzen Pressebesuch aus Deutschland – der damalige *Stern*-Journalist Michael Jürgs und der Hamburger Fotograf Robert Lebeck wollen eine Geschichte über sie machen (der *Stern* ist neben der *Bunten* und *Quick* just jenes deutsche Medium, das über Jahre hinweg die meisten »Storys« über Romy veröffentlicht und nur wenige Monate nach ihrem Tod gleich eine mehrteilige Serie mit dem Cover-Titel »Die Ausbeutung der Romy Schneider« bringt; *Stern*, 14., 21.

Das Schicksalsjahr 1981

Vgl. *Das Verhör*, S. 108 ff.

und 28. Oktober 1982) – schiebt sie nachts einen ihrer vielen Zettel unter der Tür durch: »und saufe … Wo Seid Ihr? <u>Merde</u>!« Romy Schneider muss große Angst gehabt haben, Angst, nicht mehr schön, sondern zu dick, nicht mehr gefragt zu sein, vor allem aber Angst, alt zu werden. Altwerden, Alter und Tod, sagt Claude Sautet später einmal, waren für sie absolute Tabuthemen.

Die Dreharbeiten zu Romy Schneiders 58. Film, *Die Spaziergängerin von Sans-Souci*, beginnen im Mai, müssen kurz darauf aber schon wieder abgebrochen werden. Sie muss sich im American Hospital in Neuilly-sur-Seine bei Paris einer Nierenoperation unterziehen, da ein gutartiger Tumor gefunden wurde. Sie ist hernach geschwächt, ihre Genesung geht nur langsam voran, eine große Narbe zeichnet sie, und sie zeigt sie auch. Nacktszenen, so meint sie lakonisch, könne man nun also auch vergessen. Sie hat sich nicht wirklich von den Folgen des Eingriffs erholt, als im Juni zudem die offizielle Scheidung von Daniel Biasini folgt. Wieder macht sich die Presse über das »Ereignis« her, dreht und wendet es, beleuchtet es von allen Seiten, zählt Romy Schneiders Vermögen und die von Biasini ausgegebenen horrenden Beträge, zählt, wie viele Yachten und Autos der Lebemann besaß, macht ihn zum Täter, zum Bösen. Doch ist er zugleich der Vater von Töchterchen Sarah, haben Romy und er sich geliebt, hat sie zu lange die Augen verschlossen. Romy Schneider sieht sich einer vollständigen medialen Ausgesetztheit gegenüber. Doch das schlimmste Geschehnis des unglückseligen Jahres 1981 folgt erst noch: Am 5. Juli klettert Sohn David über den hohen schmiedeeisernen Gartenzaun von Biasinis Elternhaus im Pariser Vorort Saint-Germain-en-Laye, er rutscht ab und wird auf dem Zaun regelrecht aufgespießt. Das Gitter hat seinen Unterleib durchbohrt. Im Krankenhaus erliegt er später seinen inneren Blutungen. David ist nur 14 Jahre alt geworden. Als Romy Schneider nach einem Anruf zusammen mit Laurent Pétin in das Krankenhaus fährt, wird ihr dort nur mehr der Tod ihres geliebten Kindes mitgeteilt. Es heißt, sie habe im Gang des Krankenhauses einen gellenden, markerschütternden Schrei ausgestoßen.

Vgl. *Die Spaziergängerin von Sans-Souci*, S. 121 ff.

Tod von Sohn David

Leben

Und selbst im Krankenhaus gelingt es einem Fotografen, ein Foto des toten, bis auf den Kopf von einem weißen Tuch bedeckten Jungen zu machen und es zu verkaufen. Kaum fassbar – es wird seinerzeit tatsächlich publiziert. Und es findet sich auch heute noch in Neuauflagen von Bildbänden über Romy wieder. Die Pietätlosigkeit kennt keine zeitlichen Grenzen. David wird am 7. Juli 1981 zunächst in Saint-Germain-en-Laye beigesetzt, und später, nach Romy Schneiders Tod, veranlasst Alain Delon dann die Umbettung zu seiner Mutter auf den Friedhof von Boissy-sans-Avoir. Dorthin, wo sie leben wollte und bereits ein Grab für David gekauft hat.

Im Oktober 1981 schließlich werden in Berlin die Dreharbeiten zur *Spaziergängerin von Sans-Souci* wieder aufgenommen, Drehschluss ist im Dezember. Zu dieser Zeit schreibt sie auf einen ihrer unzähligen Zettel in großer, fahriger Schrift, dabei wie so oft Stellen unterstreichend:

»Ich habe den Vater begraben –
Ich habe den Sohn begraben –
Ich habe sie beide <u>nie</u> verlassen
<u>und sie mich auch nicht</u>«

Am 14. April 1982 findet in Paris die Premiere von *Die Spaziergängerin von Sans-Souci* statt. Auch ist noch von einem neuen Filmprojekt die Rede, *L'un contre l'autre* (*Einer gegen den Anderen*), zusammen mit Alain Delon. Der Drehbeginn ist für Juni angesetzt, Regie soll Pierre Granier-Deferre führen, der mit Romy bereits bei *Le Train – Nur ein Hauch von Glück* und *Die Frau am Fenster* gearbeitet hat. Doch dazu wird es nicht mehr kommen.

In den letzten Monaten ihres Lebens liest Romy Schneider ein Buch, die Autobiographie der Schauspieldiva Eleonora Duse. Darin markiert sie einen Satz, den die Duse zitiert, es ist ein Satz des italienischen Dichters Gabriele D'Annunzio: »Ich weiß, was der Ruhm bedeutet und was das Nahen der Nacht.«

Anfang Mai reist Romy Schneider mit ihrem Lebensgefährten Laurent Pétin in die Schweiz, nach Zürich, und sucht dort ihren Vermögensverwalter, Rechtsanwalt Dr. Jürg Henrik Kaestlin auf. Sie hat finanzielle Probleme, will aber dennoch das alte Haus in Boissy-sans-Avoir kaufen. In der Nacht des 10. Mai 1982, noch in Zürich, setzt sie urplötzlich handschriftlich ihr Testament auf, als erahne sie ihren bevorstehenden Tod. Von den noch lebenden Verwandten – Mutter Magda Schneider, Tochter Sarah Biasini, Ex-Ehemann Daniel Biasini, Bruder Wolf-Dieter Albach – tritt kurz darauf keiner das Erbe Romy Schneiders an, da vom Vermögen, an dem sich so manche aus ihrem Umfeld so ungehemmt bedient haben, nichts mehr geblieben ist außer Schulden, französischen Steuerschulden vor allem, die Angaben über die Höhe variieren auch hier – von sieben, neun und elf Millionen Francs ist die Rede.

Das Testament

Am 28. Mai, es ist ein Freitag, gehen Romy Schneider und Laurent Pétin zu Laurents Bruder Jérôme und dessen Frau Claude, sie essen alle gemeinsam in deren Wohnung, trinken, reden. Etwa über das im März neu gefundene Haus in dem Dorf Boissy-sans-Avoir, wo sie sich noch richtig einrichten müssen, den Sommer verbringen wollen, nur sie beide und Sarah. An Pfingsten, am bevorstehenden Wochenende, sind sie schon mit Jean-Claude Brialy verabredet, auch zum Abendessen. Romy und Jean-Claude kennen sich seit den fünfziger Jahren, schon seit damals, als sie zusammen mit Alain Delon in *Christine* spielten. Das ist fast 25 Jahre her. Eine Freundschaft über ein Vierteljahrhundert. Einer ihrer ältesten Freunde, und doch merkt auch er nicht, dass der Tod um sie herumstreicht, wie er es später einmal formuliert. Zu dem geplanten Treffen soll es nicht mehr kommen. Und keiner scheint zu spüren, dass es das Nahen *der* Nacht ist.

»Sie sucht ein Glück, welches es nicht gibt. Und weil sie es nicht finden kann, richtet sie sich selbst zugrunde.« (Ihr letzter Lebensgefährte Laurent Pétin über Romy Schneider; zit. n. Seydel 1987, S. 319)

Am frühen Morgen des 29. Mai wacht Laurent Pétin allein im Bett in der im siebten Arrondissement unweit des Invalidendoms gelegenen Wohnung in der Rue Barbet de Jouy auf. Romy liegt nicht neben ihm. Es ist etwa sieben Uhr. Sarah schläft noch. Er geht durch die Wohnung und findet Romy im Salon, am Schreibtisch sitzend, nach vorn gesunken. Vor ihr ein handschriftlicher Brief an eine

Leben

französische Zeitschrift, abgebrochen. Er spricht sie an, doch sie reagiert nicht. Romy Schneiders Herz hat gegen fünf Uhr in der Nacht einfach aufgehört zu schlagen. Herzversagen lautet die offizielle Todesursache. Sie konnte nicht mehr. Oder wollte sie nicht mehr? Sie ist 43 Jahre alt.

Herzversagen als Todesursache

Romy Schneiders Begräbnis findet am Vormittag des 2. Juni 1982 in Boissy-sans-Avoir statt. Dort, wo sie eigentlich leben wollte, dort wird sie nun beerdigt. Hubschrauber kreisen über dem kleinen Friedhof mit der mittelalterlichen Dorfkirche Saint Sébastien, Fotografen sitzen in den Hubschraubern, die als Erste das beste Foto schießen und meistbietend an die Weltpresse verkaufen wollen. Das Foto vom Sarg und der Bestattung eines Weltstars. Zeitweise ist die Grabrede von Regisseur Jacques Rouffio nicht zu hören, die Motoren- und Propellergeräusche in der Luft sind zu laut.

Viele sind gekommen an diesem Tag. Neben Romy Schneiders Familie, Bruder Wolf-Dieter Albach mit Frau und Tochter, Laurent Pétin sowie dem geschiedenen Ehemann Daniel Biasini nehmen auch langjährige Wegbegleiter wie ihr Kollege Michel Piccoli oder Jean-Claude Brialy von ihr Abschied. Mutter Magda Schneider bleibt nach ihrem erlittenen Herzinfarkt in Deutschland. Nur einer fehlt auf der Beerdigung. Er kommt später, an einem anderen Tag, als die gierige Meute weg ist und aller Rummel vorbei. Still und leise nimmt Alain Delon allein von seiner Romy, von seinem »Puppele« Abschied. Und so ist denn auch jener umstrittene öffentliche Brief, der in Frankreich in *Paris Match*, in Deutschland zeitgleich in der *Quick* erscheint, »Adieu ma Puppele« überschrieben (*Paris Match*, 11. Juni 1982). Umstritten, da Delon ihn nicht allein aufsetzt, umstritten, da er bei aller von ihm stets betonten Diskretion seinen Abschied öffentlich macht. Ist das notwendig, fragen sich viele.

Die Dorfkirche Saint Sébastien, rechts das mit Blumen überhäufte Grab Romy Schneiders an ihrem 25. Todestag im Mai 2007, Boissy-sans-Avoir

»Keiner von uns, nicht mal ihr Arzt, konnte das voraussehen. Man kann von ihrer schlechten Gesundheit sprechen, von einer Krise – aber in Wirklichkeit ist Romy am gebrochenen Herzen gestorben. Ihr Sterben begann mit dem Tod ihres Sohnes David.« (Alain Delon über den Tod Romy Schneiders; zit. n. Seydel 1987, S. 320)

Es war Rosa Albach-Retty, von der der viel zitierte, die Dinge antizipierende Satz über ihre Enkelin Romy stammt, den sie noch zu deren Lebzeiten äußerte: »Wer sich wie sie so hemmungslos von seinen Emotionen, Leidenschaften und Begierden treiben lässt, denkt sicher nicht daran, dass eine Kerze, die man an beiden Seiten anzündet, auch schneller abbrennt ...« Vielleicht steckt darin ja alle Wahrheit der Romy Schneider.

Werk

Wie das Arbeiten das Leben widerspiegelt – und vice versa

Wohl kaum ein Künstlerleben ist so sehr durch die wechselseitige Beeinflussung von Leben und Arbeiten geprägt wie jenes von Romy Schneider. Von dem ersten bis zu dem letzten ihrer insgesamt 58 Spielfilme, also von *Wenn der weiße Flieder wieder blüht* bis zu *Die Spaziergängerin von Sans-Souci,* zeigt sich die geradezu frappierende Kontinuität, mit der ihr komplexes Werk ihr kompliziertes Leben widerspiegelt. Es finden sich nicht nur ihre persönlichen Lebensumstände in ihren Filmen wieder, sondern an ihnen lässt sich auch ihre innere Verfassung förmlich ablesen. So wie sie sich in ihrem Schauspieldebüt im Alter von 14 Jahren nichts mehr als einen Vater herbeisehnt, so tut sie dies auch im realen Leben. Und so, wie sie in ihrem filmischen Vermächtnis im Alter von 43 Jahren einen zwölfjährigen Ziehsohn hat, um den sie sich sorgt, so betrauert sie im wahren Leben ihren eigenen, nur 14 Jahre alt gewordenen Sohn David. Es gibt in den meisten ihrer Filme Momente und ganze Sequenzen, Monologe und Dialoge, die unmittelbar auf ihre persönliche Verfassung übertragbar sind, als seien sie nicht für die Rolle geschrieben, sondern für den Menschen Romy Schneider oder gar von ihr selbst notiert. Das hat etwas Singuläres, etwas, das ganz spezifisch mit ihr zu tun hat: Romy Schneiders Filme, sie sind der Spiegel ihrer leidenschaftlichen Persönlichkeit und ihres unbehausten, unsteten Lebens, dieser Achterbahnfahrt.

Romy Schneiders künstlerische Arbeit umfasst 58 Kinofilme, einen Fernsehfilm und zwei Bühnenstücke. Fritz Kortners Fernsehfilm *Die Sendung der Lysistrata* stammt aus dem Jahr 1960, Romy ist dort in der Rolle der Myrrhine zu sehen, neben ihr spielen unter anderem Barbara Rütting, Ruth-Maria Kubitschek und Wolfgang Kieling. Zugleich ist Kortners auf der Komödie des Aristophanes basierender Fernsehfilm Romy Schneiders vorläufiger künstlerischer Abschied von Deutschland – über viele Jahre hinweg wird sie nicht mehr in ihrer Heimat drehen. Sie selbst hat einmal auf einem ihrer unzähligen Zettel eine Liste jener Filme aufgeschrieben, die vor ihr selbst Bestand hatten, die sie als überhaupt respektabel und vorzeigbar empfand. Es waren genau zehn Arbeiten, mehr nicht, vor allem jene unter der Regie von Claude Sautet, Orson Welles und Luchino Visconti. Das ist gerade einmal ein Sechstel ihres Lebenswerkes – auch hierin mag sich ihre Selbstkritik spiegeln.

Sie stand in zwei Theaterstücken auf den Brettern, die die Welt bedeuten: in dem von Luchino Visconti in Paris inszenierten Stück von John Ford, *Schade, daß sie eine Dirne ist* (1961; 120 Aufführungen), und in Tschechows *Die Möwe*, von Sacha Pitoëff auf die Bühne gebracht (1962; 100 Aufführungen).

Es gibt ansonsten, wie bei Schauspielern gemeinhin üblich, kein literarisches »Nebenwerk«, keine Memoiren, keine Autobiographie – sieht man einmal von der posthum herausgegebenen Kompilation aus ihren unzähligen losen Zetteln, aus einigen wenigen Interviews, aus Notizen und anderen Fragmenten ab, die unter dem durchaus ambivalenten Titel *Ich, Romy – Tagebuch eines Lebens* 1988 erschienen ist.

Auch gibt es kein größeres auditives Werk, keine Hörspiele, keine Musikalben mit deutschen Liedern oder französischen Chansons. Nur einige wenige eingesungene oder eingesprochene Texte, etwa aus den Filmen Claude Sautets: Da ist zum *Chanson* einen das wunderbare *Chanson d'Hélène*, zusammen mit Mi- *d'Hélène* chel Piccoli, sie singend, er rezitierend, entstanden 1969 begleitend zu *Die Dinge des Lebens*; zum anderen das kurze Stück *Lily et Max* aus *Das Mädchen und der Kommissar* aus dem darauffolgenden Jahr; oder auch der Brief Rosalies aus *César und Rosalie* (1972). Des Weiteren gibt es noch zwei Liedaufnahmen aus den späten fünfziger Jahren, aus Helmut Käutners *Monpti* (1957) und Axel von Ambessers *Die schöne Lügnerin* (1959). Als Erzählerin spricht sie zudem Sergei Pro- *Peter und* kofjews musikalisches Märchen *Peter und der Wolf* ein, diri- *der Wolf* giert von Herbert von Karajan, in einer Aufnahme von 1957, der *Sissi*-Zeit.

Die Filme (Auswahl)
Wenn der weiße Flieder wieder blüht

Deutschland 1953. Regie: Hans Deppe. U. a. mit Magda Schneider, Willy Fritsch, Hertha Feiler

Anfang September 1953 – Romy ist gerade noch 14 Jahre jung – beginnen im hessischen Wiesbaden und im Rheingau die Dreharbeiten zu Hans Deppes *Wenn der weiße Flieder wieder blüht* – ihrem ersten Film überhaupt. Die Dreharbeiten werden in den Studios von Berlin-Tempelhof fortgesetzt.

Eigentlich ist es hier schon ihre ureigene Geschichte, die Geschichte der Rosemarie Albach-Schneider. Die Tagebuchnotizen aus dieser Zeit, von September bis November des Jahres 1953 – vor, während und nach ihrem ersten Dreh –, sind umso aufschlussreicher, als sie nahezu alles vorwegnehmen, was für Romy Schneider später das Für und Wider ihres Berufs, ihres Lebens und all der damit einhergehenden Wünsche und Sehnsüchte, Ängste und Nöte ausmacht. Es ist, als ob hier Vgl. S. 16 f. alles grundiert und angelegt ist, als ob spätestens hier der rote Faden anfängt, der sich durch ihr gesamtes Leben bis zu ihrer Todesnacht zieht. Dieses schnelle Hin und Her, dieses Auf und Ab, dieses euphorische Dramatisieren, es deutet sich hier schon an – sowohl in ihren frühen Aufzeichnungen als auch in dieser vielleicht nur vordergründig oberflächlich und harmlos erscheinenden Musicalkomödie der Nachkriegszeit. Binnen weniger Tage zeichnen sich in ihren Notizen ihre später mit zunehmendem Alter und zunehmendem Ruhm immer existentieller und extremer werdenden Gefühls- und Stimmungsschwankungen ab. Da ist   nach längerem Warten und Bangen und Selbstzweifeln – diese unendliche, noch kindlich anmutende Freude über das Engagement, über das Vertrauen also auch, das man in sie setzt. Vertrauen in sie, die den anderen etwas zeigen, oder besser, beweisen kann.

Und da ist schon kurz darauf die Enttäuschung über das womöglich doch mangelnde Vertrauen der Mutter Magda zu ihr, der Tochter. Wenn schon der ersehnte, weil vermisste Vater – im Leben: Wolf Albach-Retty, im Film: Willy Fritsch – nie anwesend ist, um ihr die Anerkennung und Bestätigung für ihr Handeln und Tun zu geben, die sie braucht, dann doch

>»Ich habe mir noch einmal meine Chancen ausgerechnet. Herr Deppe war zwar sehr nett, aber nehmen tut er mich ganz bestimmt nicht. Ich habe in Berlin neulich ein paar der Mädchen kennengelernt, die sich auch für die Rolle beworben haben genau wie ich. Dagegen kann ich ja nicht. Na, mir ist es jetzt auch wurscht! [...]
>Es hat geklappt! Es hat geklappt!!! Am 8. September fahren Mammi und ich nach Wiesbaden. Es geht los. Ich filme! Toll, einfach toll!!!« (Romy Schneider in ihrem Tagebuch am 4. und 6. September 1953; IR, S. 62)

wenigstens die Mutter. Indem Magda Schneider – um verständlicherweise sowohl sich als auch die Produktion abzusichern – mit Berolina-Produzent Kurt Ulrich einer Klausel über den möglichen Rücktritt beziehungsweise Austausch Romys durch eine andere Darstellerin zustimmt, begeht sie in Romys Augen gewissermaßen Verrat. Enttäuschungen wie diese nähren in ihr weiter das Gefühl, das zu einem alles bestimmenden Lebensgefühl werden soll: nicht zu genügen, keine Anerkennung zu finden, nicht um ihrer selbst willen geliebt zu werden. Es ist das grundlegende Lebensgefühl, in einem anhaltenden Manko zu leben.

Damit spielt Romy Schneider bereits in ihrem allerersten Film in der Rolle der jungen Evchen Forster in gewissem Sinne sich selbst. Sie ist natürlich, unverstellt, authentisch und berührend. Sie ist sie selbst. Es ließe sich sogar die Frage stellen, ob sie überhaupt spielt. Oder ob sie, ohne jegliche Schauspielausbildung, sich nun bewusst oder unbewusst mit dieser Rolle einfach identifiziert, so, wie sie es später auch immer tat. Sie *war* immer die Figur, die sie spielte. Sie spielte ihre Rollen nicht, sie lebte sie. Und vielleicht ist auch dieser Wesenszug der Romy Schneider hier schon angelegt.

Evchens Mutter, Therese Forster (Magda Schneider), die es von der einfachen Schneiderin zur Inhaberin eines renommierten Modesalons gebracht hat, ist mit Peter Schröder (Paul Klinger) liiert, den sie seit langem schon kennt. Sie wollen bald heiraten. Plötzlich taucht der bekannte Sänger Bill Perry auf, der zuvor einmal mit bürgerlichem Namen Willy Forster

(Willy Fritsch) hieß. Er tourt, ist zusammen mit seiner heimlich in ihn verliebten Rundum-Managerin Ellen (Hertha Feiler) auf Gastspielreise, nun am Wiesbadener Theater. Und er will unbedingt Therese Forster wiedersehen, das schlechte Gewissen hat ihn nie verlassen. Willy und Therese Forster waren einst ein Paar, doch da sie allein für den Unterhalt aufkam, viel arbeitete, während er, der Künstler, der noch brotlose und unentdeckte Sänger, in den Tag hinein lebte, konnte es nicht dauern. Der Sänger und die Schneiderin. Der Abgehobene und die Pragmatische. Die zwei Ungleichen stritten viel. Willy verließ seine Therese, als sie sich wieder einmal ob der gleichen Themen auseinandersetzten und auch das leitmotivische Lied vom wiedererblühenden weißen Flieder nichts mehr half, das er so gerne schlichtend sang, wenn es kriselte (Franz Doelles eingängiger Schlager stammt ursprünglich aus den zwanziger Jahren). Fortan war Freund Peter als verständnisvoller Tröster zur Stelle. Seither haben sich Therese und Willy nicht mehr gesehen – 15 Jahre ist das her. Und für Evchen, die alles stets »himmlisch!« findet, ist der »Onkel Peter« ohnehin ein Vaterersatz geworden. Eigentlich ist alles gut so. Doch Willy und Therese sehen sich wieder, Willys Liebe scheint trotz aller vergangenen Zeit nicht erloschen. Plötzlich sieht sich Therese zwischen zwei Männern; aber als Evchen von ihrer Mutter erfährt, dass ihr wahrer Vater der von ihr umschwärmte ferne Star Bill Perry ist, da ist sie es, die die Dinge in die Hand nimmt. Während Therese und Willy sich abends treffen, spielen Evchen und Peter Schach. Beide sind gedämpfter Stimmung, sprechen über ihren Vater und die bevorstehenden Entscheidungen zwischen Therese und den beiden Männern. »Ich kenn' ihn doch kaum. Er ist himmlisch! Aber so, so wie ein interessanter Onkel«, sagt Evchen. Als sie abermals heimlich zu Bill Perry in das Hotel »Savoy« geht (Drehort war hier das reale Hotel »Savoy« in der Fasanenstraße in Berlin-Charlottenburg), diesmal nicht, um sich zusammen mit Freundin Barbara (Nina von Porembsky)

Werbeplakat zu Wenn der weiße Flieder wieder blüht, *1953* ein Autogramm zu holen, da rutscht ihr heraus, dass sie seine Tochter ist. Doch zugleich kann sie Willy / Bill davon überzeugen, dass sich das Leben von ihnen allen nicht verändern darf. Am Abend der Abschiedsvorstellung in Wiesbaden holt Bill Perry Evchen zum Schluss auf die Bühne, um mit ihr gemeinsam zu singen – und es scheint, als habe die Tochter vom leiblichen Vater die Stimme mitbekommen. So, wie die reale Romy Schneider auch von ihrem Vater das Sich-Exponieren, das Schauspielen-Müssen mitbekommen hat. Am anderen Tag dann reist Willy Forster ab. Zum Frankfurter Flughafen sind sie alle mitgekommen, Therese, Peter und Evchen. Es gilt, Abschied zu nehmen. Kaum hat Evchen ihren leiblichen Vater kennengelernt, muss sie ihn schon wieder gehen lassen. Die Letzte, die Willy umarmt, ist denn auch seine Tochter. »Und du schreibst mir mal, ja?«, sagt sie ihm, bevor er sie loslässt und dann mit Ellen zusammen das Flugzeug auf dem Rollfeld besteigt. Evchen winkt ihm hinterher, mit Tränen in den Augen, bis es aus ihr herausplatzt: »Vati!« Ein wehmütiger, fast verzweifelter Ruf, bevor das Schlussbild das abhe-

>»Dann kam eine der aufregendsten Geschichten dieses ungewöhnlichen Tages: Autogrammstunde!
>Ich hatte schon mal Autogramme geben müssen. Doch was sich hier tat, überstieg alle Erwartungen, selbst die kühnsten! Als hätte ich schon geahnt, was mir bevorstand, hatte ich zu Hause noch einmal probiert, wie mein Name wohl am besten aussieht. Romy Schneider, so mit einem Kringel oder einfach so: Romy Schneider. Bis jetzt mußte ich doch immer, wenn ich irgendeinen Brief unterschrieb und besonders bei allen offiziellen Sachen, mit Rosemarie Albach unterschreiben. Und jetzt plötzlich: Romy Schneider.
>[...] Und alles klatschte. Und alles jubelte. 64 (!!) Vorhänge sollen es im ganzen gewesen sein. Ich habe nicht mitgezählt. Ich bin immer nur wieder rausgegangen und habe meinen Knicks gemacht. Ich war ganz atemlos und so glücklich – so glücklich. Es hätte nicht viel gefehlt, und ich hätte geweint, so glücklich war ich.« (Romy Schneider in ihrem Tagebuch am 11. November 1953; IR, S. 68)

bende Flugzeug zeigt. Die junge Romy Schneider soll um diese Abschiedsszene herum am Set geweint haben, heißt es. Es war eine Szene, die sie nur allzu gut aus ihrem eigenen Leben kannte.

Es nimmt denn auch nicht wunder, wie die Presse seinerzeit auf den bereits am 24. November 1953 im Stuttgarter Universum-Kino uraufgeführten Film und die junge Romy reagiert: »Es bleibt das Vergnügen an dem unbefangenen Spiel einer reizenden Fünfzehnjährigen. Es ist die Tochter von Magda Schneider. [...] Ob Romy Albach-Schneider eine Schauspielerin ist, läßt sich noch nicht übersehen. Hier ist sie eben reizend, ganz besonders reizend.« (*Filmforum*, 1953; zit. n. Hembus 1980) Filmhistorisch dürfte *Wenn der weiße Flieder wieder blüht* durchaus als das Synonym schlechthin für den deutschen Nachkriegsfilm der fünfziger Jahre stehen. Doch die auf Fritz Rotters Novelle basierende Mischung aus Liebesmelodram, Heimat- und Revuefilm erntet überwiegend negative Kritiken. Der Inszenierung von Hans Deppe – der seit seinem Regiedebüt *Der Schimmelreiter* (1934) Dutzende von (Heimat-)Filmen wie *Das Schweigen im Walde* (1937) oder die erste deutsche Farbproduktion *Schwarzwaldmädel* (1950) drehte – wird Volkstümlichkeit, Gefühlsduselei und Oberflächlichkeit vorgeworfen. Doch Romy wird in nahezu jeder Rezension positiv bedacht, wenngleich sie erst nach gut 30 Minuten zum ersten Mal auftritt, zusammen mit den beiden anderen Schauspielerkindern Nina von Porembsky und Götz George, die hier ebenfalls ihr Leinwanddebüt geben. »Die Überraschung bietet Romy Albach-Schneider. Sie spielt im Film das Töchterchen der Magda Schneider – und *ist* es auch: eine vielversprechende künstlerische Neuausgabe!« (*Neue Presse*, 9. Januar 1954) Und auch damals schon gerät so mancher Rezensent regelrecht ins Schwärmen: »Und überhaupt, dieser Backfisch (Romy Schneider-Albach, Magda Schneiders Tochter) – Schande über unsere jungen Männer, wenn sie von diesem Mädchen nicht begeistert wären.« (*Hamburger Echo*, 30. Januar 1954) Und einer, der sie seinerzeit noch erlebte, der inzwischen verstorbene Wiesbadener Volksschauspieler Peter J. Schmitz, erzählt: »Sie wirkte sehr zart und ver-

letzlich, war unglaublich offenherzig, authentisch und präsent
[…]. Vor allem aber war sie hochtalentiert. Wir ahnten damals schon, dass sie am Beginn einer großen Karriere stand
und noch viel von ihr die Rede sein würde.« (Kurt Buchholz,
»Als der weiße Flieder blühte«; *Wiesbadener Tagblatt*, 25. Mai
2007)

Wiesbaden Wiesbaden war in den fünfziger Jahren ein florierender Film-
produktionsstandort, mit Studios der Ufa und später der Tau-
nus-Film auf dem großen Waldgelände »Unter den Eichen«,
und es ist noch immer Sitz diverser filmwirtschaftlicher Institutionen wie der Prädikate verleihenden Filmbewertungsstel-
le im Schloss Biebrich (FBW), dem Deutschen Institut für
Filmkunde (DIF) oder der Freiwilligen Selbstkontrolle (FSK).
Wenn man durch das heutige Wiesbaden geht, sind die meisten der Außenmotive aus Romy Schneiders sehr lokalhisto-
risch angelegtem Schauspieldebüt durchaus wiederzufinden,
blieb die hessische Landeshauptstadt mit ihren wilhelmi-
nischen Gründerzeit-Ensembles doch im Zweiten Weltkrieg
weitgehend unzerstört: die im Stadtzentrum von vielen Seiten
weithin sichtbare neogotische Marktkirche aus rotem Back-
stein etwa, das Römertor, das auf die sehr lange Stadtgeschich-
te verweist, der Neroberg mit seinem Panoramablick über die
Dächer der Stadt, das imposante Kurhaus mitsamt Kur-
parkteich, »Bowling-Green« und Wilhelmstraße oder das sogenannte »Nizza-Plätzchen« gleich am Eingang des Kurparks,
zwischen Kurhaus und Staatstheater gelegen. Und immer mal
wieder wird *Wenn der weiße Flieder wieder blüht* in der altehr-
würdigen Caligari FilmBühne gezeigt, einem direkt am
Marktplatz hinter der Marktkirche gelegenen ehemaligen
Ufa-Kino, 1928 erbaut, in den neunziger Jahren renoviert, das
heute als Programmkino dient. Vielleicht sitzt dann ja auch
ein Wiesbadener in dem großräumigen Jugendstilbau, der es
selbst noch erlebt hat, als Romy Schneider zum ersten Mal
vor der schicksalhaften Kamera stand – damals, im September 1953 in Wiesbaden.

Die *Sissi*-Trilogie

Sissi. Österreich 1955.
Sissi, die junge Kaiserin. Österreich 1956.
Sissi – Schicksalsjahre einer Kaiserin. Österreich 1957.
Regie: Ernst Marischka. U. a. mit Karlheinz Böhm,
Magda Schneider, Gustav Knuth

»Sie pappt mir an wie Grießbrei«, sagt Romy
Schneider später einmal über die Rolle, die sie
ein Leben lang nicht mehr loslassen soll. Die
Jahre 1955 bis 1957 sind die legendären *Sissi*-
Jahre. Es sind nicht nur die *Schicksalsjahre einer
Kaiserin*, wie der dritte Film der Trilogie betitelt
ist, es werden vor allem auch die ersten Schicksalsjahre der jungen Romy Schneider. Jene Jahre, die ihren überwältigenden Ruhm – insbesondere im deutschsprachigen Raum – bedingen.
Jene Jahre, die sie später abzuschütteln versucht,
was ihr hierzulande als Undankbarkeit und
Arroganz ausgelegt und über viele Jahre, wenn
nicht sogar bis zu ihrem Tod, verübelt wird. Der

Weggang aus Deutschland kurze Zeit später, 1958, sowie die
beginnende Beziehung mit dem »filou« Alain Delon tun ein
Übriges. Sie wird zur Abtrünnigen, zur Landesverräterin beinahe, und muss sich fortan unentwegt für ihr neues und so
gänzlich anderes Leben in Frankreich rechtfertigen.

Die Rolle, die ihr Leben bestimmen wird: Romy als Sissi

1955 geht Ernst Marischka – der in Personalunion als Regisseur, Autor und Produzent seiner Wiener »Erma-Film« arbeitet und insgesamt für über hundert Filme, meist harmlose
operettenhafte Komödien, verantwortlich zeichnet – an die
Vorbereitungen zum ersten *Sissi*-Film. Er besetzt Romy
Schneider in der Hauptrolle, für die es nach dem zuvor abge-
drehten Murnau-Remake *Der letzte Mann* (Regie: Harald
Braun) der sechste Film ist. Marischka drehte zuvor bereits
Mädchenjahre einer Königin (1954) und *Die Deutschmeister*
(1955) mit ihr. Während des ersten *Sissi*-Drehs wird Romy 17
Jahre und ist damit just genauso alt wie seinerzeit Elisabeth
nach ihrer Heirat mit Kaiser Franz Joseph. Und da sie von
ihrem Partner Karlheinz Böhm mit seinen 26 Jahren fast ein

Ernst Marischka

ganzes Jahrzehnt trennt, nennt sie ihn anfangs »Onkel Böhm«, was diesem überhaupt nicht gefällt. So wie aus dem Leinwand-Traumpaar auch nie eines im realen Leben wird, da beide während der Dreharbeiten eher distanziert bleiben, nicht wirklich warm miteinander werden.

Sissi: Der junge Franz Joseph (Karlheinz Böhm) ist Kaiser von Österreich geworden. Dafür hat seine äußerst dominant auftretende Mutter gesorgt, Erzherzogin Sophie (Vilma Degischer), die ihren Gatten Erzherzog Franz Karl (Erich Nikowitz) zuvor zum Verzicht auf das Amt bewegen konnte. Eine Kaiserin muss also für den jungen Kaiser her, auch um ihm und dem Land einen männlichen Thronfolger zu schenken. Die beflissene Erzherzogin hat bereits an alles gedacht, hat sie doch Prinzessin Helene von Bayern (Uta Franz), Nené gerufen, die älteste Tochter ihrer Schwester, der Herzogin Ludovika von Bayern (Magda Schneider), dazu auserkoren, ihrem Sohn eine gute Gattin und Mutter ihrer gemeinsamen Kinder werden zu dürfen. Doch als Ludovika mit Helene und der jüngeren Elisabeth (Romy Schneider), genannt Sissi, auf Einladung Sophies im Sommer 1853 nach Bad Ischl reist, ist es zur Verwunderung aller nicht Prinzessin Helene, die Kaiser Franz Josephs Aufmerksamkeit auf sich zieht. Nein, es ist Sissi, der er vorab zufällig begegnet, draußen, wo sie allein ist, sich von den gesellschaftlichen Vorbereitungen, die ihrer älteren Schwester gelten, entfernt hat. Gemeinsam beschließen Franz Joseph und Sissi, einen Spaziergang durch den Wald zu machen. Niemand sonst weiß davon. Und ihre spontane Zuneigung füreinander ist unübersehbar. Doch als Sissi erfährt, dass der Grund des Aufenthaltes in Bad Ischl die Verlobung ihrer Schwester mit dem Kaiser ist, da zieht sie sich zurück, will nichts und niemandem im Wege stehen. Auf einem abendlichen Empfang hat jedoch Franz Joseph nur Augen für Sissi, nicht für Helene. Er tanzt mit Sissi, lässt ihr einen Korb rote Rosen überreichen und schließlich ihre Verlobung verkünden. Ein ganzer Hof ist vor den Kopf gestoßen, die herzoglichen Schwestern Sophie und Ludovika sind entsetzt – die kleine Sissi als Kaiserin von Österreich, eine 16-Jährige, ein Kind beinahe noch. Doch Franz Joseph setzt seinen Willen diesmal durch, und die gestrenge Mutter versucht zu akzeptieren. Sissi muss Abschied nehmen vom geliebten Possenhofen am Starnberger See, von ihrer Familie, gerade auch von ihrem so angehimmelten Vater, Herzog Max von Bayern (Gustav Knuth), um einem neuen Leben entgegenzugehen. Im April 1854 geben sich die blutjunge bayerische Prinzessin Elisabeth und Kaiser Franz Joseph im Wiener Stephansdom feierlich das Jawort.

Sissi, die junge Kaiserin: Auf die Hochzeit von Franz Joseph und Sissi folgt der Alltag am Wiener Hof und mit ihm die ständige Präsenz der Schwiegermutter Sophie, die das junge Liebespaar nicht aus den Augen lässt, argwöhnisch jeden ihrer Schritte verfolgt und dabei allergrößten Wert auf Etikette legt. Die Spannungen zwischen Sophie und Sissi wachsen. Als Sissi eine Tochter zur Welt bringt, eine Prinzessin, wird ihr dieses Kind genommen, da sie zu jung für dessen Erziehung sei. Sophie nimmt es in ihre Obhut. Sissi flüchtet erstmals, zurück nach Bayern, zu ihren Eltern nach Possenhofen. Und als sie gemeinsam mit ihrem Vater im Wald die Auerhahnbalz beobachtet, ganz so wie früher, da vertraut sie sich ihm an. Franz Joseph reist seiner Frau nach und holt sie zurück nach Wien, um sodann mit ihr eine Reise in die Berge zu unternehmen, wo sie ungestört sein können, Wanderungen im Hochgebirge unternehmen, auf einer Hütte Zeit miteinander verbringen. Doch die kaiserlichen Pflichten rufen, eine Delegation aus Ungarn ist angereist, um vom Kaiserpaar empfangen zu werden – die hohe Politik verdrängt das kurz aufgekeimte Private. Den Ungarn geht es nach der Revolution um den Fortbestand ihrer Monarchie, und so bittet Graf Andrássy (Walther Reyer) Elisabeth, dem instabilen Land eine Königin zu sein, weiß er doch um ihre Sympathie für das Nachbarland. Als sie schließlich nach anfänglichem Zögern doch auf dem abendlichen Empfang erscheint, da befindet sich später die Wiege mit ihrer Tochter wieder auf ihrem Zimmer. Es steht schließlich die Reise des Paares nach Budapest an, wo sie feierlich zum neuen Königspaar der Ungarn gekrönt werden. Sissi, sie ist schon jetzt die »Königin der Herzen« …

Sissi – Schicksalsjahre einer Kaiserin: Jahre gehen ins Land, und Sissi hält sich gerne und oft in Ungarn auf, zusammen mit ihrer heranwachsenden kleinen Tochter, nicht zuletzt auch, um die ungarischen Freiheitskämpfer und Revolutionäre für Österreichs Sache zu gewinnen und so zu einem einvernehmlichen Miteinander zu gelangen. Der ihr sehr zugeneigte Graf Andrássy, der ihr später seine Liebe gestehen wird, hilft ihr bei diesem Anliegen und vermittelt. Währenddessen trägt Erzherzogin Sophie am Hof in Wien ihrem Sohn Franz Joseph Gerüchte zu, wonach Graf Andrássy sich Sissi mehr als statthaft annähern würde. Doch Franz Joseph glaubt seiner Mutter kein Wort, hat Vertrauen zu Sissi, reist ihr aber dennoch entgegen, nicht zuletzt als Geste, um den Gerüchten umgehend ein Ende zu machen. Unerwartet begegnen sie sich auf beider Durchreise in einem Gasthaus, und sie beschließen, sich in Bad Ischl für eine Zeit zu erholen. Doch Sissi, die zuvor in Ungarn schon immer wieder starke Hustenanfälle hatte, erkrankt, der Hofarzt diagnostiziert eine schwere Lungenentzündung. Sofort sieht sich Erzherzogin Sophie veranlasst, ihrem Sohn vom drohenden nahen Ende seiner Frau zu berichten, schlecht sei es um sie bestellt, man müsse sich nunmehr um eine Nachfolgerin kümmern. Für Franz Joseph bricht eine Welt zusammen, ihm ist seine Sissi wichtiger als alles andere. Sissi reist zur Kur nach Madeira, so ist das Kaiserpaar abermals für Wochen getrennt. Als ihre Eltern von Sissis Erkrankung erfahren, fährt ihr Mutter Ludovika hinterher, und sie verbringen fortan die Zeit miteinander. Gemeinsam geht es weiter nach Korfu, wo es Sissi zusehends bessergeht und ihr der Hofarzt irgendwann zu seiner eigenen Überraschung die völlige Genesung mitteilen kann. Gleich steht für sie die nächste Reise an, es geht diesmal mit Franz Joseph nach Mailand und Venedig, dorthin, wo das österreichisch-ungarische Kaiserhaus in seinen italienischen Provinzen nicht sonderlich beliebt ist. Und so wird dem Paar sowohl bei einer Aufführung in der Mailänder Scala als auch beim Eintreffen auf dem Canal Grande in Venedig nur feindseliges Schweigen entgegengebracht. Bis Sissi auf dem roten Teppich entlang dem Dogenpalast und der Markuskirche plötzlich ihr Töchterchen entgegenläuft, Mutter Ludovika steht freudig wachend etwas abseits. Da läuft auch Sissi ihrem Kind entgegen, das sie so lange nicht gesehen hat, und kniet sich auf dem roten Teppich zu ihm nieder. Es ist die Geste einer liebenden Frau und Mutter. »La mamma!«, ruft es da spontan aus der Menge, und das auf dem Markusplatz versammelte Volk jubelt dem Paar doch zu.

Die *Sissi*-Trilogie, die kein umfassendes sogenanntes »Biopic« ist, zeigt lediglich einen zeitlich begrenzten Ausschnitt aus dem Leben der Elisabeth (1837, München – 1898, Genf), die durch ihre Heirat mit Kaiser Franz Joseph 1854 zunächst Kaiserin von Österreich wird, 1867 dann auch Königin von Ungarn und Böhmen. Am 10. September 1898 wird sie im Alter von 60 Jahren in Genf ermordet. Es ist das Attentat eines italienischen Anarchisten, Luigi Lucheni, der eigentlich den Prinzen von Orléans töten wollte. Dieser jedoch ändert seine Reisepläne, während Lucheni sich mit Kaiserin Elisabeth bereits ein anderes namhaftes Opfer ausgesucht hat. Es ist purer Zufall, vielleicht auch Schicksal. Auf dem Weg vom Grandhotel »Beau Rivage« zur Schiffsanlegestelle am See rammt Lucheni Elisabeth eine Feile in die Brust. Auf ihr Hotelzimmer zurückgebracht, stirbt sie kurz darauf an inneren Blutungen. Elisabeths gewaltsamer Tod steht am Ende eines unruhigen, unsteten und überwiegend unglücklichen Daseins. Zu Lebzeiten fand sie längst nicht jene Beachtung wie posthum als idealisierte, glorifizierte Sissi. Die historisch verbürgte Person der Kaiserin Elisabeth entspricht weder dem glanzvollen Sissi-Mythos, der sich bis heute um sie rankt, noch dem verharmlosenden und verfälschenden Bild, das Regisseur und Autor Ernst Marischka durch seine Protagonistin Romy Schneider einem Millionenpublikum vermittelt hat. Die Realität war seinerzeit eine ganz andere.

Segen und Fluch:
»**Unserer kleinen**
Königin«

Elisabeth litt unter den Normen und Konventionen, denen sie sich widersetzte, indem sie auszubrechen versuchte, während Marischkas Sissi nun mal eine liebende, aufopfernde und allenthalben beliebte ist. Und die junge Romy Schneider wird – wie sie es selbst nennt – in dieses »Zwangskorsett« gesteckt, das sie bereits nach dem ersten Film schon nicht mehr tragen will; sie will die Rolle nicht mehr spielen, die sechs Kilo schwere Perücke im doppelten Sinne ablegen.

> »Sissi hing mir wie ein Klotz am Bein. Sissi lächelte selig, wenn ich Lust hatte, zu weinen und zu leiden. In Wien, Paris, Rom, wenn ich ein großes Kaufhaus betrat, ja sogar im Hotel, zeigte man mit dem Finger auf mich: ›Schau, Sissi‹. Ich kam mir wie ein österreichischer Schmarrn vor, den man verschlingen wollte. [...] Mir hing diese Person zum Halse raus. Ich bedaure die Serie nicht, denn ich habe ihr auch viel zu verdanken. Aber für mein Streben nach Rollen, die meiner Person gleichstanden, waren diese Filme wie eine Ohrfeige. Hinzu kam der Erfolg, den ich nicht verstand. Ich war plötzlich nicht mehr Romy, sondern nur noch Sissi, die jungfräuliche Königin des deutschen Films.« (Romy Schneider über ihre Sissi-Rolle; zit. n. Seydel 1987, S. 53)

Doch die *Sissi*-Maschine rotiert längst, erbarmungslos und marktorientiert: Alljährlich zur Weihnachtszeit wird das österreichische und deutsche Publikum mit »Schlagobers fürs Gemüt« (Romy Schneider) versorgt, mit einem kaiserlich-königlichen Heimatidyll, fernab der historischen Wahrheit und fernab der bundesrepublikanischen Nachkriegswirklichkeit. Nach der Uraufführung des ersten Films am 21. Dezember 1955 in Wien sprengt der Film sämtliche Erwartungen in Deutschland und Österreich, allein in Deutschland sehen etwa sechseinhalb Millionen das Melodram, ein seinerzeit singuläres Besucherresultat, das hier zeitweise sogar jenes des US-Klassikers *Vom Winde verweht* (1939) übertrifft. Alle bedrängen die junge Romy weiterzumachen, der Verleih, die Produktion, der Regisseur – und Mutter Magda und Stiefvater »Daddy« Blatzheim. Gegen so viel Manipulation und Fremdbestimmung kann eine 16- bis 17-Jährige nur wenig ausrichten. *Sissi, die junge Kaiserin* wird alsbald, 1956, gedreht und erlebt nach seiner Premiere – wiederum zur Weihnachtszeit, am 19. Dezember 1956, diesmal in München – den nächsten Massenansturm des Publikums mit über sechs Millionen Zuschauern. Zudem wird der Film im Mai 1957 als österreichischer Beitrag zu den Internationalen Filmfestspielen in

Alljährlich zur Weihnachtszeit »Schlagobers fürs Gemüt«

Cannes eingeladen. Die Menschen wollen Sissi-Romy, Romy-Sissi. Nur eine will nicht – Romy Schneider selbst, inzwischen »Kassenmagnet« und Identifikationsfigur für unzählige Mädchen.

> »Ich wollte *Sissi II* nicht drehen. Ich hatte ein dummes Gefühl dabei, und Mammi selbst hat immer gesagt, daß die berühmt-berüchtigten ›zweiten Teile‹ fast immer danebengeraten wären. Das hatte mein Vater, Wolf Albach-Retty, mir schon in Wien gesagt, als wir *Sissi I* drehten und man damals schon erklärte, wenn dieser Film ein Erfolg werden würde, wäre ein zweiter Teil unvermeidlich. Aber ich hatte erklärt: ›Nein‹, und es hieß – im Frühjahr 1956 – *Sissi II* würde nicht gedreht werden. Ich kam zu meinen Eltern in das oberbayerische Sanatorium, in dem sie eine Entschlackungskur machten, und da erfuhr ich, dass *Sissi II* nach *Kitty und die große Welt* doch gedreht werden sollte. Ich platzte beinahe.« (Romy Schneider über *Sissi I*; IR, S. 124)

Nach dem zweiten *Sissi*-Dreh kann sie 1956 unter Alfred Weidenmanns Regie noch *Kitty und die große Welt*, und Josef von Bakys *Robinson soll nicht sterben* drehen. Zwei Filme, die ihr mehr liegen; *Robinson soll nicht sterben* ist sogar ihr ausdrückliches Wunschprojekt: »Ich handelte wenigstens mit *Sissi II* einen Lieblingsstoff heraus: *Robinson soll nicht sterben* mit Vgl. S. 23 f. Horst Buchholz. Zwar hatte ich den Eindruck, als wenn der Stoff immer wieder vertagt werden sollte. Aber ich hatte mir die Zusage für *Robinson* schriftlich geben lassen und blieb zum ersten Male in meinem Leben hart.« (IR, S. 125) In München ist es, wo sie Horst Buchholz kennenlernt und mit ihm in den Geiselgasteig-Studios im Spätherbst dreht. Im darauffolgenden Frühjahr wird sie erneut mit ihm in München und auch in Paris für den Liebesfilm *Monpti* unter der Regie von Helmut Käutner vor der Kamera stehen. Auch 1957 ist ein Jahr mit drei Filmen: Auf *Monpti* folgen die Dreharbeiten zu *Sissi III,* und zum Jahresende schließlich wird auf Ischia *Scampolo* realisiert, wieder mit Alfred Weidenmann als Regisseur. Am 18. Dezember 1957 wird schließlich der dritte und letzte Teil, *Sissi – Schicksalsjahre einer Kaiserin,* in München uraufgeführt. Für die Produktion und für Regisseur Ernst Marischka ist kein Ende der *Sissi*-Verwertung in Sicht: »Man schlug mir einen vierten *Sissi*-Film für eine Million DM vor, aber ich lehnte ab. Irgend etwas kochte und sträubte sich in mir: die echte Schneider wahrscheinlich!« (Romy Schneider über ihre Sissi-Rolle; zit. n. Seydel 1987, S. 79)

Für das außereuropäische Ausland ließen die Disney-Studios einen simplen Zusammenschnitt aller drei Teile anfertigen, von der ursprünglichen Gesamtlaufzeit von 317 Minuten auf 145 Minuten, weniger als die halbe Laufzeit, zurechtgestutzt und mit dem populären Titel *Forever My Love* versehen. Diese amerikanische Version lief sehr erfolgreich in den USA, in Australien sowie in Asien.

Eine so ganz andere Elisabeth: *Ludwig II.* **mit Romy Schneider und Helmut Berger**

15 Jahre nach Abschluss der *Sissi*-Trilogie wird Romy Schneider schließlich abermals in das Kostüm der Kaiserin schlüpfen, in Luchino Viscontis breit angelegtem Epos *Ludwig II.* (1972), in dem sie eine so ganz andere Elisabeth spielt – kühler, distanzierter, sperriger, unbequemer. Da ist nichts mehr von der lieblichen Anmut der Postkarten-Sissi Ernst Marischkas. Eine Sequenz aus Viscontis großer Tragödie bleibt denn auch im Gedächtnis haften, jene, in der Romy Schneider als ganz in Schwarz gekleidete Elisabeth allein durch den langen leeren Spiegelsaal des Schlosses wandelt. Es ist ein dunkles Bild von großer Einsamkeit, von völliger Verlorenheit sogar. Wenn überhaupt, dann sind Romy und Sissi hier eins, für diesen Moment fernab jeglichen Kitsches.

Ludwig II.

Mädchen in Uniform

Deutschland/Frankreich 1958. Regie: Géza von Radványi. U. a. mit
Lilli Palmer, Therese Giehse, Sabine Sinjen

Potsdam im Jahre 1910. Manuela von Meinhardis (Romy
Schneider) wird unmittelbar nach dem Tod ihrer Mutter in
ein Pensionat für höhere Töchter gegeben. Dort soll sie ihre
standesgemäße Ausbildung erhalten, eine strenge Erziehung,
bis sie hinauskann ins wahre Leben. »Sie ist schrecklich
schüchtern und sonderbar empfindlich«, gibt die Tante zu be-
denken, als sie Manuela im Stift übergibt. »Wir werden das zu
korrigieren wissen«, antwortet darauf süffisant lächelnd die
Erzieherin. Manuela fällt es schwer, sich in dieses nahezu mi-
litärische System zu fügen, wo Zucht und Ordnung herrschen
und wo allenthalben in den Sälen an den Wänden, über den
Türen und Betten, Sentenzen in großen alten Frakturschrift-
lettern zu finden sind wie: »Überfluß macht Überdruß« oder
»Wie die Zucht, so die Frucht« oder »Der Mensch ist nicht
auf der Welt, um glücklich zu sein, sondern um seine Pflicht
zu tun. – Bismarck«. Preußische Werte und Tugenden sind in
dieser kühlen Trutzburg oberstes Gebot. Menschlichkeit, Ge-
fühlsregungen – dafür scheint es hier keinen Platz zu geben.
Doch zum Glück wird Manuela dem Schlafsaal von Fräulein
von Bernburg (Lilli Palmer) zugewiesen, einer Erzieherin, die
unter den Schülerinnen ob ihrer Wärme und Verständigkeit
beliebt ist. Manuela beginnt, sich einzugewöhnen, wenngleich sie unter dem Verlust ihrer Mutter sehr leidet. Als Fräulein von Bernburg dies bewusst wird, nimmt sie sich der Neu-
en besonders an, schenkt ihr eine Aufmerksamkeit, die Manuela irgendwann falsch deutet. Gewiss, sie ist Fräulein von
Bernburg dankbar, aber mehr und mehr scheint sie sie zu ver-
ehren, sie regelrecht anzuhimmeln. Das wiederum irritiert die
Lehrerin und beunruhigt sie angesichts des äußerst strikten
Regiments der Frau Oberin (Therese Giehse). Und doch,
auch sie empfindet eine gewisse Form der Zuneigung zu Manuela, eine ambivalente Zärtlichkeit. Als die Schülerinnen
wieder eine Theateraufführung vorbereiten, diesmal *Romeo
und Julia* zum Geburtstag der Frau Oberin – Manuela spielt
den Romeo! –, da kommt es nach der Vorstellung zum Eklat.

Durch ein paar Gläser Punsch allzu euphorisiert und über-
schwänglich, gibt Manuela noch einmal einige Shakespeare'-
sche Szenen zum Besten, um sodann stolz und feierlich ihre
Gefühle für ihre Lehrerin zu verkünden. Daraufhin will die
Oberin Manuela des Pensionates verweisen; Fräulein von
Bernburg versucht zu schlichten und muss zugleich erfahren,
dass man hier mit ihren Erziehungsmethoden ohnehin nicht
mehr einverstanden ist. Von Bernburg kündigt, und Manuela, die sich hierfür verantwortlich und schuldig fühlt, versucht
sich umzubringen. Von ganz oben im Treppenhaus will sie
sich über das Geländer hinunterstürzen – dort im Treppenhaus, wo sie der von ihr verehrten Lehrerin zum ersten Mal
begegnet ist. Im letzten Moment gelingt es, Manuela davon
abzuhalten. Sie habe noch nie in ihrem Leben jemanden um
etwas gebeten, meint die Frau Oberin, nun bitte sie Fräulein
von Bernburg zu bleiben. Zwar verlässt diese das Pensionat
dennoch, doch hat die Oberin angefangen zu erkennen, dass
sie durch ihre unnachgiebige und verständnislose Haltung eine ihrer Schülerinnen beinahe in den Tod getrieben hätte.
Das Schlussbild zeigt die Oberin, wie sie allein und nach-
denklich langsam einen langen dunklen Gang im Stift ent-
langschreitet, mit dem Rücken zum Betrachter ins Dunkel
geht.

Die Dreharbeiten zu *Mädchen in Uniform* finden im Frühjahr
1958 in Berlin und Hamburg statt, und es ist der erste von drei
Filmen – neben *Ein Engel auf Erden* (1959) und *Die Spaziergängerin von Sans-Souci* (1982) –, den die Berliner Produzen-
tenlegende Artur »Atze« Brauner mit Romy Schneider produ-
ziert. *Mädchen in Uniform*, entstanden unter der Regie des
ungarischen Regisseurs Géza von Radványi, ist das Farb-Remake der gleichnamigen Schwarzweißverfilmung von 1931,
die Regisseurin Leontine Sagan inszenierte, seinerzeit mit
Dorothea Wieck in der Rolle des Fräuleins von Bernburg und
Hertha Thiele als Manuela von Meinhardis. Sagans vielgelob-
te Erstverfilmung basiert wiederum auf dem Theaterstück
Gestern und Heute von Christa Winsloe, die auch am Drehbuch mitschrieb. Original und Remake unterscheiden sich
gewiss in vielem, nicht zuletzt auch in den unterschiedlichen

**Original und
Farb-Remake**

Enden (bei Sagan etwa wird die Frau Oberin nicht zu einer Abkehr von ihrer rigiden Haltung bewegt), doch sollten beide Filme vor dem sozialhistorischen Hintergrund ihrer Entstehungszeit – dazwischen liegt der Zweite Weltkrieg – betrachtet werden.

Mädchen in Uniform, der eher verhaltene »Skandalfilm« der späten fünfziger Jahre, in dem Sabine Sinjen als etwas pummelige Ilse von Westhagen und Christine Kaufmann als Mia ihre ersten Auftritte haben, wird schließlich wenige Wochen vor Romy Schneiders 20. Geburtstag, am 28. August 1958 in der Lichtburg in Essen uraufgeführt und zum Publikumserfolg.

Für *Mädchen in Uniform* steht Romy Schneider zum zweiten Mal mit Lilli Palmer vor der Kamera. Die beiden Schauspielerinnen seien sich während dieses Drehs durchaus augenfällig zugeneigt gewesen, heißt es, und selbst Produzent Artur Brauner vermag heute nicht mehr zu sagen, ob sich die emotionale Anziehung ihrer Rollen nicht auch auf die Darstellerinnen übertragen hat. Einem Tabubruch, so wie ihn einst Hildegard Knef in Willi Forsts auch thematisch veritablem »Skandalfilm« *Die Sünderin* (1950) aufgrund einer nur sekundenlangen Nacktszene in den Augen der Kritik beging, kommt von Radványis *Mädchen in Uniform* dennoch nicht nahe, wenngleich die schwärmerisch-romantisierte Bindung zwischen Schülerin und Erzieherin auch als eine explizit lesbisch-erotische fehlinterpretiert werden kann.

Die intensiven, überzeugenden Darstellungen der großen, hier 44-jährigen Lilli Palmer und der noch relativ jungen Romy Schneider sind es denn auch, die diese Produktion der Nachkriegszeit zu einem herausragenden Kammerspiel werden lassen: »Lilli Palmers und Romy Schneiders eindrucksvolle Leistung verleihen dem Film seine wahre Bedeutung.« (*Ciné-Revue*, November 1958) Ihre gemeinsame Darstellung entwi-

Lilli Palmer

Die Kuss-Szene: Romy Schneider und Lilli Palmer in *Mädchen in Uniform*

ckelt eine zunehmende Spannung, die in jenem Kuss mündet, den Manuela von Meinhardis ihrer Erzieherin auf den Mund gibt, als diese sie in ihrem Zimmer noch einmal einen Teil des Romeo-Parts proben lässt. Und beide halten sie einen Moment lang inne, halten inne im Kuss. Jede Stecknadel würde man hier fallen hören. Es ist eine Szene von großer Nähe und vibrierender Anspannung, in der all die unartikulierte Sehnsucht enthalten ist – nach ihrer verstorbenen Mutter, nach Liebe, nach Halt. »Meinhardis sucht – wie alle Kinder ihres Alters, und besonders die, die plötzlich allein geblieben sind – irgendeine Stütze, ein gutes Wort, eine Hand«, sagt Fräulein von Bernburg einmal auf einer Sitzung der Erzieherinnen zu der Frau Oberin. »Eine Hand, was für eine Hand?! Zukünftige Soldatenmütter müssen lernen, Schicksalsschläge ohne Wehleidigkeit zu ertragen«, keift diese ungehalten zurück. Therese Giehse, ein Urgestein der deutschsprachigen Bühne – deren Darstellung der Irrenanstaltsleiterin Fräulein Doktor Mathilde von Zahnd in Friedrich Dürrenmatts ihr gewidmeter tragikomischer Parabel *Die Physiker* (1961) am Schauspielhaus Zürich unvergesslich bleibt – zeigt hier in der dieser nicht unähnlichen Rolle die Frau Oberin als jene Figur, die in der größten Einsamkeit lebt.

Seine erhebliche Bedeutung innerhalb der Vita Romy Schneiders hat dieses bewegende Internatsdrama dadurch, dass sie hier erstmals in keiner lieblich-süßen Rolle mehr zu sehen ist wie in dem vollen Dutzend Filme zuvor, die sie innerhalb von nur fünf Jahren gedreht hat. Vielleicht arbeitet sie hier auch aus diesem Grund bis zur völligen Erschöpfung, bis zum Ohnmachtsanfall. Sie ist als eine junge, sehr ernste, trauernde Frau zu erleben, Manuela von Meinhardis, die noch deutlich spürbar das naive behütete Mädchen in sich trägt, das sie bis zum Tod der Mutter sein durfte. So wie auch Romy gerade dabei ist, sich aus dem festen Griff ihrer Mutter Magda Schneider zu lösen. Es ist für sie eine Zeit des Aufbruchs, des Übergangs und, auch das, des Abbruchs. Das ist an *Mädchen in Uniform* geradezu paradigmatisch abzulesen. Ohnehin stellt das Jahr 1958, in dem sie Alain Delon während der Dreharbeiten zu ihrem nächsten Film *Christine* kennenlernt und sich heftig in ihn verliebt, einen maßgeblichen Wendepunkt in ihrem Leben und in ihrer Karriere dar.

> »Wenn es nach mir ginge, würde ich sofort Schauspielerin werden. So wie Mammi. Aber mit ihr habe ich noch nie darüber gesprochen. Darüber spricht man bei uns zu Hause gar nicht.« (Romy Schneider in ihrem Tagebuch während ihres Aufenthaltes im Internat Goldenstein am 10. Juni 1952; IR, S. 40)
>
> ***
>
> »Theaterspielen macht riesigen Spaß. Wir haben ein kleines englisches Stück einstudiert. Ich durfte die Hauptrolle spielen. [...] Schade, daß Mammi nie Zeit hat, um zur Premiere herzukommen und mich zu sehen! Die Eltern von den anderen sind immer da. Nun muß ich ihr alles im Brief schreiben, wo ich doch so schreibfaul bin!« (Romy Schneider am 13. November 1952; IR, S. 46)

»Ich bin so glücklich, ich bin so glücklich!«, ruft Manuela im Romeo-Kostüm ihren Mitspielerinnen auf der Bühne hinter dem Vorhang zu, nachdem dieser gefallen ist und der Zuschauersaal sich leert. Wie damals, als Romy Schneider im österreichischen Internat Schloss Goldenstein bei Salzburg bei den Theateraufführungen auffiel, als sie den Mephisto im *Faust* spielte und im Spielen aufging, frei und ohne Scheu war. Im Theaterspiel, da sei die junge Romy ganz bei sich gewesen, hieß es. *Mädchen in Uniform* – vielleicht ihr schönster Film der fünfziger Jahre – ist hierfür geradezu beispielhaft.

Vgl. S. 15 ff.

Der Prozeß

(Le procès) Frankreich / Italien / Deutschland 1962. Regie: Orson Welles. U. a. mit Anthony Perkins, Jeanne Moreau, Orson Welles

Eigentlich ist Kafka nicht verfilmbar, in kein anderes Medium transponierbar. Franz Kafka ist so sehr Literatur, seine Sprache ist von seltener Klarheit, Schärfe und Reinheit, verbunden mit präzisen Sprachbildern – wie dieses epochale Werk in ein anderes Medium übertragen, gar bebildern, es für die Leinwand adaptieren? Eine Aufgabe, eine Herausforderung, der sich zu stellen zumeist Scheitern bedeutet. Nicht wenige haben sich filmisch an Kafkas Werk versucht. Um nur einige zu nennen: Maximilian Schell spielte K. in Rudolf Noeltes *Schloß*-Adaption von 1968, und Michael Haneke verfilmte *Das Schloß* 1997 sehr modern mit Ulrich Mühe in der Hauptrolle. *Der Prozeß* kam 1992 in einer englischen Produktion neu auf die Leinwand (Regie: David Jones, Drehbuch: Harold Pinter), in der Kyle MacLachlan, Star aus David Lynchs US-Kultserie *Twin Peaks*, den Josef K. spielt und Polly Walker in der Rolle der Leni zu sehen ist, die 30 Jahre zuvor Romy Schneider spielte. Steven Soderbergh schließlich ließ in der von biographischen und werkimmanenten Zitaten und Versatzstücken nur so überbordenden wunderbaren Hommage *Kafka* (1992) Jeremy Irons als Kafka selbst angsterfüllt durch das erst schwarzweiße, später dann farbige Prag hetzen.

Kafkaesker Topos des unschuldig Schuldigen Der unschuldig Schuldige, das ist ein zutiefst kafkaesker Topos, der sich filmisch vielleicht am ehesten in dem von Phobien durchdrungenen komplexen Werk Alfred Hitchcocks wiederfindet. Exemplarisch für das kafkaeske Element bei Hitchcock ist *Der unsichtbare Dritte* (*North by Northwest*, 1959), in dem der von Cary Grant dargestellte Allerweltsbürger und Geschäftsmann Roger O. Thornhill aus einem ihm selbst unbekannten Grund verfolgt wird. Er scheint für etwas Verantwortung zu tragen, Schuld an etwas zu haben, Teil von etwas zu sein, wovon er selbst nichts weiß. Grants Bewusstsein erfasst die Realität und Wahrnehmung der anderen nicht. So ergeht es auch Kafkas bürgerlichem Antihelden Josef K. in *Der Prozeß* (verfasst 1914, posthum erschienen 1925) und später dann, im Opus magnum *Das Schloß* (geschrieben 1922, erschienen 1926), auch jenem fast gesichtslos anmutenden Protagonisten, dem Landvermesser, der hier gar nur noch K. heißt – die völlige, ja totale Reduktion des Individuums angesichts eines anonymen omnipräsenten Machtapparates auf einen einzigen bloßen Buchstaben. *Das Schloß* mag für Franz Kafka denn auch die zwingend notwendige Konsequenz aus *Der Prozeß* gewesen sein.

Orson Welles verfilmt 1962 Franz Kafkas *Prozeß*. Allein die Verbindung der beiden Namen Kafka und Welles ist so singu-

»Drei Tage vor Drehbeginn saß ich mit Freunden im Künstler-
club Elysées Matignon, als plötzlich ein Berg die Treppe herun-
terstieg, ein gewaltiger Mensch. Neben ihm, schlank, zierlich
und unglaublich jung wirkend, Marlene Dietrich. Sie setzten
sich an einen Tisch gegenüber.
Mir puckerte das Herz, ich hatte zuviel Wildes über diesen
Mann gehört, ich wollte sofort gehen. Die anderen lachten
mich aus: ›Du bist doch idiotisch – drei Tage vor Drehbeginn.
Geh hin zu ihm, stell dich vor, sag, wer du bist ...‹
Ich traute mich nicht. Eine alberne Situation.
Statt dessen ging ich, wie ein Backfisch, der einen jungen
Mann auf sich aufmerksam machen will, betont langsam zur
Toilette. Auf dem Rückweg bemerkte Orson mich offenbar.
Von jetzt an starrte er dauernd zu mir herüber, mit finsterem
Blick. Ganz offensichtlich. Er flirtete. Und ebenso offensichtlich:
Marlene Dietrich paßte das nicht.
Wie er mir später sagte, hatte sie ihm mehrfach ›befohlen‹:
›Stop looking at that child!‹ – Hör auf, dieses Kind da anzustar-
ren!
Schon am nächsten Tag trafen wir uns bei der Kostümprobe.
Der Berg kam auf mich zu und sprach: ›Hallo, Leni ...‹« (Romy
Schneider im März 1962; IR, S. 208)

lär wie schillernd. Das Vorhaben ist anspruchsvoll, die Mittel,
wie so oft bei Welles, beschränkt. Er muss viel improvisieren.
Kein Orson-Welles-Film verfügte jemals über ein adäquates
Budget. Doch Orson Welles ruft, und alle kommen sie, ganz
gleich zu welchen Produktionsbedingungen: Anthony Perkins und Jeanne Moreau, Akim Tamiroff und Suzanne Flon.
In kleinen Nebenrollen sind die beiden Deutschen Wolfgang
Reichmann als Gerichtsdiener und Thomas Holtzmann als
Jurastudent zu sehen. Und – Romy Schneider. Sie wird Leni
spielen, die Mätresse des Anwaltes Hastler, den Welles letztendlich selbst darstellt. Gedreht wird von Ende März bis Anfang Juni 1962 in Studios in Paris und Boulogne sowie in
Zagreb, Dubrava und Rom. Für Romy Schneider ist es die
erste wirklich ernstzunehmende Rolle in einer nicht deutsch-
österreichischen Produktion, sieht man einmal von der Vis-

conti-Episode *Der Job* im Gruppenfilm *Boccaccio '70* (1961)
und Alain Cavaliers *Der Kampf auf der Insel* (1961) ab. Orson
Welles kontaktiert Romy Schneider per Telegramm, um sie
zu fragen, ob sie in seiner Kafka-Verfilmung eine Rolle über-
nehmen will. Es ist wenige Tage vor Drehbeginn, und Welles,
bekannt dafür, genial, aber chaotisch zu sein, hat nicht einmal
alle Rollen besetzt. Für die Rolle der Leni ist eigentlich zunächst Elsa Martinelli vorgesehen, die dann schließlich Hilda
spielen wird, und auch der Part des Anwaltes Hastler ist noch
unbesetzt. Dass es schließlich just Romy Schneider ist, auf
deren beinahe naiv-kindliches Insistieren und Drängen hin
der störrische Autorenfilmer Welles selbst den Rechtsanwalt
spielt, zählt mit zu der besonderen Genese dieses eigenwil-
ligen Projekts.

Josef K. (Anthony Perkins) wird eines Morgens unverhofft

»Bitte, ich hatte eine kleine Rolle, aber Sie haben es vielleicht
gesehen. Und ich weiß, ich war gut! Ich würde mir wünschen,
Sie wüssten, wie's war, Sie wären dabeigewesen, Sie wären eine kleine Maus gewesen, irgendwo in einer Ecke, und hätten
zugeguckt, zugehört, wie's war. Die Angst, die ich hatte, diese
Fragen, das dauernde Fragen, das dauernde Probierenwollen.
Und dann diese ungeheure Stimme, dieses [Romy brüllt Welles'
Stimme nach] ›Shut up! Do it, just do it! Go!‹. Und dann die
erste Vorführung. Und ich sagte ihm: ›Nein, nein, nein, keine
Vorführung.‹ – ›Eine wirst du sehen.‹ Und ich hab' sie gesehen,
und ich habe mich nicht erkannt, ich schwör's Ihnen, wirklich,
so wahr ich hier sitze, ich hab' mich nicht erkannt. Ich habe
mich nicht erkannt! Ich hab' gesagt: ›Wer? Das ist doch nicht
wahr!‹ Genauso war's. [...] Die vielen Vorführungen [ihrer Filme],
die ich gesehen habe, immer wieder, immer wieder. [Habe]
Nicht schlafen können, wenn ich keine Vorführungen gesehen
hab'. Niiieee zufrieden! Und das war das erste und das einzige Mal bis jetzt, wo ich gesagt habe: ›Das ist ja nicht wahr, das
ist entsetzlich, das ist grässlich, das ist fürchterlich, aber –
that's me.‹« (Romy Schneider über *Der Prozeß* in Hans Jürgen
Syberbergs Dokumentarfilm *Romy – Portrait eines Gesichts*;
BR, 1966)

von Fremden besucht – und verhaftet. Er werde nicht mitgenommen, dürfe weiter so leben wie bisher, dürfe sogar in sein Büro gehen, aber er müsse jederzeit mit seinem Prozess rechnen, so einer der beiden ominösen dunklen Beamten. Er sei angeklagt, man könne ihm jedoch keinerlei Begründung liefern. Er frühstückt also, wie sonst jeden Tag auch, bei seiner Wirtin Frau Grubach (Madeleine Robinson), flirtet mit seiner Nachbarin Fräulein Bürstner (Jeanne Moreau) und fragt sich und sein Umfeld, worin sein Vergehen bestehen könnte. Da er sich weiterhin frei bewegen darf, tut er es als »Kleinigkeit« ab. Doch Fräulein Bürstners Reaktion könnte für Josef K. ein erstes Indiz dafür sein, dass, wer einmal angeklagt ist, aus dieser schicksalhaften Spirale nicht mehr herauskommt: Sie möchte fortan mit ihm nichts mehr zu tun haben. Als er im Büro fälschlich Verdächtigungen ausgesetzt ist, beschuldigt er das Gericht. Sodann heißt es, er habe sich »alle Vorteile« verspielt. K.s Onkel Max (Max Haufler) ist es, der sich daraufhin mit ihm zum Anwalt Hastler (Orson Welles) aufmacht, weil dieser über Beziehungen verfügen soll. Doch der Anwalt ist krank, und während der Onkel allein mit ihm spricht, lässt sich K. von Hastlers Mätresse Leni (Romy Schneider) in einem der zahlreichen großen Räume inmitten eines Aktenmeeres verführen. Leni pflegt Hastler, ist Mädchen für alles und gesteht Josef K., dass sie alle Angeklagten verführt. Bei einem seiner nächsten Besuche überrascht Josef K. Leni mit dem alten Block (Akim Tamiroff), der in einem kleinen Verschlag in der labyrinthischen Wohnung des Advokaten haust. Nur so ist er stets abrufbereit, falls sich Hastler dazu herablässt, ihn zu empfangen, nur um ihn dann zu demütigen und von der Stagnation seines Prozesses zu unterrichten. K.s Gang zum Maler Titorelli (William Chappell), dessen Adresse er von Leni erhalten hat, ist sein verzweifelter Versuch, Licht ins Dunkel seines eigenen Falls zu bringen. Auch Titorelli soll Beziehungen zum Gericht haben, kann Josef K. jedoch ebenfalls nicht helfen. Sein Fall ist aussichtslos. Er ist verurteilt, verdammt – durch sein bloßes (Da-)Sein. Als er schließlich die Kathedrale betritt, spricht ein Priester (Michael Lonsdale) zu K. – im Roman trägt der Geistliche im neunten von zehn

Kapiteln an dieser Stelle K. die legendäre Parabel *Vor dem Gesetz* vor, jene Geschichte von einem Mann, der beim Türhüter vergebens Einlass begehrt, welche Welles als Vorspann seines Films graphisch illustrieren lässt. Schlussendlich bringen zwei Männer Josef K., ihn über die entlegensten Plätze und Stätten schleifend und schleppend, auf ein Gelände, wo sie ihn in eine Grube stoßen, ein Messer zögerlich von Hand zu Hand reichen und den hysterisch lachenden K. schließlich

mittels einer Stange Dynamit in die Luft sprengen. Eine modernisierte Abwandlung von Kafkas originärem Ende: »Aber an K.s Gurgel legten sich die Hände des einen Herrn, während der andere das Messer ihm tief ins Herz stieß und zweimal dort drehte. Mit brechenden Augen sah noch K., wie die Herren, nahe vor seinem Gesicht, Wange an Wange aneinandergelehnt, die Entscheidung beobachteten. ›Wie ein Hund!‹ sagte er, es war, als sollte die Scham ihn überleben.« (Kafka 1986, S. 194)

»Jemand mußte Josef K. verleumdet haben, denn ohne daß er etwas Böses getan hätte, wurde er eines Morgens verhaftet.« (Kafka 1986, S. 7) Der Eröffnungssatz von

Franz Kafkas Roman *Der Prozeß* antizipiert bereits das alles durchdringende Motiv des Nicht-Greifbaren, die äußere Atmosphäre des Bedrohlichen, die innere Verfassung des unschuldig Schuldigen. Orson Welles unternimmt mit seiner partiell etwas langatmig geratenen Adaption den Versuch, Kafkas Vorlage weitgehend treu zu bleiben. Seine Bilder (Kamera: Edmond Richard) sind in expressionistischem Schwarzweiß gehalten, die einem düsteren Alptraum, einer Phantasmagorie gleichkommen. Kongenial umgesetzt sind etwa die Szenen an Josef K.s Arbeitsplatz und im Gericht: Der Gang des K. zu seinem Schreibtisch ist ein Gang durch ein Meer von Menschen, allesamt an ihren Schreibmaschinen sitzend, wie Maschinen funktionierend. Die Totale der Kamera zeigt, dass es Hunderte sein müssen, in einem endlos wirkenden Raum, einer Halle eigentlich. Die Tonspur ist ein einziges Tippen und Rattern. Ein eindringliches Bild des entindividualisierten Menschen. Ebenso die Szenerie im auf mehreren Rängen und im Parkett von Menschenmengen völlig überfüllten Gerichtssaal, durch den sich Josef K. arbeiten muss, bis ganz nach vorne, zum Podium. Der Einzelne, er gilt hier nichts mehr, er ist bereits verurteilt, ist Teil der Masse, ist selbst Rädchen im gesellschaftlichen Getriebe. Das Opfer als Täter als Opfer.

Romy Schneider als Leni – sie ist lasziv und verführerisch, undurchschaubar und abgründig, und doch ist sie auch irgendwie zart und verletzlich. Sie hat hier etwas sehr Kreatürliches. Und natürlich, diese Leni führt in gewisser Weise jenen Typus Frau fort, für den Visconti sie zuvor als junge deutschstämmige Mailänder Gräfin in seiner *Boccaccio '70*-Episode erstmals besetzt: eine Frau, die sich sexuell selbstbestimmt verhält. Romy Schneider ist zum Zeitpunkt der *Prozeß*-Dreharbeiten im Frühjahr 1962 gerade einmal 23 Jahre alt, als sie an der Seite von Anthony Perkins unter Orson Welles' Regie spielt. Perkins wurde zwei Jahre zuvor durch seine Rolle als psychopathischer Norman Bates in Hitchcocks ein ganzes Genre revolutionierendem Klassiker *Psycho* (1960) über Nacht weltberühmt. Die Charakteristika des jungen, zutiefst verunsicherten, angstbesessenen Mannes bestimmen seither viele seiner Figuren, so auch jene des Josef K. Romy Schneider spielt hier (angeblich) vollkommen ungeschminkt, trotz sichtbar nachgezogener Lidstriche, und empfindet sich beim ersten Sehen des Films regelrecht als hässlich, will sich zunächst erst gar nicht erkannt haben, wie sie später etwa in Syberbergs Dokumentarfilm erzählt.

Die Begegnungen mit Orson Welles und Luchino Visconti haben Romy Schneider künstlerisch entscheidend und nachhaltig geprägt und geformt. Der dritte wichtige Regisseur neben diesen beiden folgt nur einige Jahre später, 1969, und vervollständigt das Trio ihrer Meister – Claude Sautet.

Das Trio ihrer Meister: Sautet, Visconti, Welles

Der Swimmingpool

(La piscine) Frankreich/Italien 1968. Regie: Jacques Deray. U. a. mit Alain Delon, Maurice Ronet, Jane Birkin

Romy Schneider und Alain Delon stehen erstmals seit *Christine* (1958) und erstmals seit ihrer Trennung im Dezember 1963 hier wieder gemeinsam vor der Kamera. Es ist der zweite von insgesamt drei Filmen, in denen sie im Laufe ihrer Karrieren zusammen spielen. 1971 wird noch Regisseur Joseph Losey beide für den Politfilm *Das Mädchen und der Mörder – Die Ermordung Trotzkis* engagieren, neben Richard Burton, der den sowjetischen Revolutionär darstellt. *Der Swimmingpool* ist nun in mehrfacher Hinsicht ein Ereignis, sowohl für die Medienwelt und das Publikum als auch im Leben der beiden Stars. Als Romy Schneider im August 1968 am Flughafen von Nizza von Alain Delon erwartet wird, steht die Presse Spalier. Die Zusammenkunft des ehemaligen Paares anlässlich der Dreharbeiten in Ramatuelle bei St. Tropez wird medial in alle möglichen Richtungen gedeutet und interpretiert. Und dass es eine Zusammenkunft just zu jenem Zeitpunkt ist, zu dem sich Alain Delon von seiner Frau Nathalie trennt – für die er sich seinerzeit wiederum von Romy Schneider getrennt hat –, ist von einer gewissen Pikanterie. Die zeitliche Koinzidenz heizt die Spekulationen weiter an. Delon reicht am 25. August die Scheidung ein. Hinzu kommt die sogenannte »Affäre Delon–Markovic«: Am 1. Oktober 1968 wird nahe des Pariser Vorortes Élancourt der jugoslawische Freund und Leibwächter Delons, Stefan Markovic, genannt »der Gorilla«, ermordet auf einer Halde in einem Müllsack aufgefunden. Ein spektakulärer Skandal. Noch während der Schlussphase der Dreharbeiten an der Côte d'Azur wird Delon von der Polizei in St. Tropez verhört. Die Verhöre werden später in Paris fortgesetzt, und auch Nathalie Delon, die Markovic ebenfalls kannte, wird vernommen. Diverse Mord- und Verschwörungstheorien geistern wochenlang durch die Presse. Zumal, ein weiteres pikantes Detail, Markovic und Nathalie Delon eine Affäre hatten. Am 30. Oktober 1968 wendet sich Delon mit einem Brief an die Zeitung *France Soir* an die Öffentlichkeit. Er schreibt, er habe Stefan Markovic seit seiner Abreise aus

Die »Affäre Delon–Markovic«

Paris am 8. August nicht mehr gesehen und bis zu seiner Rückkehr am 13. Oktober ohne Unterbrechung gedreht. Seine Behauptung, durchgehend in St. Tropez gewesen zu sein und Markovic kaum gekannt zu haben, erweist sich kurz darauf jedoch als unwahr, denn er fuhr an einem drehfreien Tag nach Paris und seine Beziehung zu Markovic ließ sich leicht zurückverfolgen. Doch man kann Alain Delon nichts nachweisen. Von den mindestens drei sehr disparaten Mordthesen bleibt schließlich jene am plausibelsten, gemäß der Größen aus Politik und Show involviert waren, denen Markovic auf Festen und Feiern junge Damen und Herren beschafft haben soll – mit oder ohne Delons Wissen oder Mittun. Besagte Persönlichkeiten wurden schließlich mit Fotos erpresst, die auf den Festen entstanden sind. Der in jugoslawischen Gangsterkreisen initiierte Mord ist bis heute unaufgeklärt geblieben, wird zuletzt als teils politisch motiviert erklärt. Und Delon geht am Ende erstaunlicherweise völlig unbeschadet aus der mysteriösen Affäre hervor. Nur die Wahrnehmung seiner Person in der Öffentlichkeit hat sich seitdem gewandelt: Fortan werden auch bei ihm die Grenzen zwischen Realität und Fiktion fließend, werden Leben und Filmen als ein nicht mehr zu trennendes Ganzes betrachtet – ganz ähnlich wie bei Romy Schneider.

»Mein Ausgangspunkt war Alain, erst danach habe ich die Frau für ihn gesucht. Sie mußte ihn ein wenig beherrschen, in moralischer Hinsicht die reifere sein. Er bezaubert sie, sie analysiert ihn ... Ich sprach mit Alain, und plötzlich, als ob man bisher benebelt war, kam als einzige, mit der er das geforderte Paar bilden konnte, Romy Schneider in Frage.« (Regisseur Jacques Deray in *Hommage – Alain Delon*; zit. n. Stiftung Deutsche Kinemathek (Hrsg.) 1995, S. 49)

Dem erfolgreichen Start von Derays Liebespsychothriller am 31. Januar 1969 in Frankreich tun jene Schlagzeilen keinerlei Abbruch – im Gegenteil: Die Parallelen von Filmhandlung und Mordfall befördern den Erfolg. Anlässlich des in Deutschland deutlich späteren Kinostarts schreibt die *Frankfurter All-*

gemeine Zeitung im Mai 1970: »Jacques Deray hat die ewigen Verlobten Romy Schneider und Alain Delon in seinem *Swimmingpool* zum erstenmal nach ihrer Trennung wieder zusammengebracht, und er nützt die pikante Biographie seiner Protagonisten geradezu schamlos aus. Der Zuschauer weiß genug über die beiden, neue Dialoge sind kaum noch nötig. Die Handlung darf lose geknüpft sein, leicht läßt sich mit ›wahrem Leben‹ füllen, was im Film schiere Leere geblieben ist.« (*FAZ*, 8. Mai 1970)

»Die belanglose Kolportage-Story mit schicker Ausstattung, die ganz auf die beiden Stars zugeschnitten ist« (*Lexikon des Internationalen Films*, 1995, S. 5444), erzählt von einem Paar, der Journalistin Marianne (Romy Schneider) und dem erfolglosen Schriftsteller Jean-Paul (Alain Delon), das in einer Villa oberhalb von St. Tropez seinen Sommerurlaub verbringt. Die großzügig angelegte Villa gehört Bekannten. Die beiden Liebenden genießen Müßiggang und Laisser-faire. Als Marianne Harry (Maurice Ronet) einlädt, sie zu besuchen – einst ein enger Freund Jean-Pauls, aber auch ein ehemaliger Geliebter Mariannes –, beginnen sich die Dinge zu verändern. Harry ist zudem in Begleitung seiner 18-jährigen Tochter Pénélope (Jane Birkin), mit der er auf Reisen ist. Ein Spiel der (Augen-)Blicke und Verführung beginnt, der Beobachtung und des Misstrauens, ein Spiel der Eifersucht und der Verletzungen schließlich. Jeder beobachtet jeden. Harry und Jean-Paul sind nicht mehr die Freunde, die sie vielleicht früher einmal waren. Die Männerfreundschaft hat die Liebe zwischen Marianne und Harry nicht überdauert. So beginnt der Graben zwischen Harry und Jean-Paul tiefer zu werden, als sich Marianne und Harry einander annähern und Harry Jean-Paul spüren lässt, dass er sie jederzeit zurückhaben kann, wann immer er will. Infolgedessen verführt Jean-Paul Harrys Tochter Pénélope. »Ich habe Angst, ich weiß nicht, warum«, sagt Pénélope einmal zu Jean-Paul. So als ob sie etwas ahne. Es ist gewissermaßen wie ein Dominospiel, ein Stein bringt den anderen ins Kippen. Als Harry von der Verführung seiner Tochter erfährt, betrinkt er sich und fällt nachts bei einer handgreiflich geratenen Auseinandersetzung mit Jean-Paul in den

Swimmingpool. Und Jean-Paul, der am Poolrand stehen-
bleibt, er stößt den Betrunkenen mit stoisch-kaltem Gleich-
mut immer wieder mit den Füßen ins Wasser zurück, taucht
seinen Kopf immer wieder mit den Händen unter – bis der
Körper Harrys irgendwann nur mehr leblos im Wasser liegt.
Gegenüber dem ermittelnden Inspektor Levêque gibt Jean-
Paul den Tod seines »Freundes« Harry als Unfall aus. Doch
alle ahnen, auch Marianne, es war kein Unfall. Und keiner
sagt etwas, weder Marianne noch Pénélope, die mit Harry ihren Vater verloren hat. Marianne bringt sie zum Flughafen,
sie fliegt zurück in die Schweiz, zu ihrer Mutter. Und so bleiben sie wieder allein zurück, er, der Täter, und sie, die Mitwis-
serin. Gemeinsam stehen sie auch in der Schlusseinstellung
am Fenster – in einem Gefängnis ohne Gitter.

Der Swimmingpool ist ganz ein Film seiner Zeit, ein atmo-
sphärisch aufgeladenes Stimmungsbild, ein Porträt gelang-
weilter, des Lebens überdrüssiger Müßiggänger. Derays lau-
nisches Psychodrama mag, ganz aus der Ferne noch, ein Lebensgefühl vermitteln, in grellbunten Farben und mit pop-
pigen Chansons. Das eingängige Titellied *Ask yourself why*
von Michel Legrand wird dabei mehrfach leitmotivisch ein-
gesetzt. Die ohnehin dünne Handlung ist sekundär, es sind
vielmehr die Stimmungen und Launen der Protagonisten, die
genau beobachtet werden, jene Gemütsschwankungen, die
im Zusammenspiel mit latenter Eifersucht ganz allmählich zu
einer fatalen Spirale wechselseitiger Verstrickungen werden.
Am Ende dieser Spirale steht der Tod. Die Dialoge sind von
einer zynischen, spitzzüngigen, mitunter amüsanten Süffisanz
und Ambivalenz, bis es nach genau einer Stunde Laufzeit –
und nachdem Jean-Paul Pénélope verführt hat – zu jenem gemeinsamen Essen zu viert kommt, nach dem nichts mehr so
ist, wie es zuvor einmal war. Der süffisante Tenor wandelt
sich, über allem liegt nun Schwere, Beklemmung, Ausweglo-
sigkeit. Und immer ist das Wasser im Pool zu hören, wie es
begehrlich schmatzt. Dieses verlangende Glucksen liegt über
allem, bis das Wasser sich irgendwann sein Opfer holt.
Jacques Deray hat zwei verschiedene Schlussfassungen seines
hermetisch in sich geschlossenen Kammerspiels gedreht, und

**Ganz ein Film
seiner Zeit**

>Ich habe das Drehbuch gelesen, und mir hat der Stoff sehr gut gefallen, die Rolle sehr gut gefallen, und ich habe es sofort akzeptiert. Diese Rolle kam absolut im richtigen Moment für mich. Es ist keine Jungmädchen-Rolle mehr, keine Teenager-Rolle, sondern richtig für mein Alter, einfach richtig. So eine Rolle wollte ich spielen. [...] Und Alain Delon – wir sind zwei Schauspieler, warum sollten wir nicht zusammen arbeiten? [...] Ich weiß nicht, wie man in Deutschland reagieren wird, ich kann es Ihnen nicht sagen. Warten wir ab, nach *Swimmingpool*. Das ist nach langer Zeit der erste Film, der von mir hier läuft. [...] Ich finde, das ist ein guter psychologischer Thriller geworden, so würde ich das nennen. Es mussten zwei verschiedene Schlüsse gedreht werden: In Deutschland wird wohl dieser Originalschluss bleiben, und für Amerika wurde ein anderer gedreht. Bei der einen Version sind wir am Fenster im Haus zu sehen ... Man sieht ein Polizeiauto ankommen – das ist die zweite Version. Der Originalschluss wird dort von der Zensur nicht akzeptiert.« (Romy Schneider in einem Interview in *Neues vom Film*; ZDF, 8. Mai 1970)

so liefen denn in unterschiedlichen Ländern unterschiedliche Versionen. Das letztlich unmoralische Ende – Jean-Paul, der Mörder, wird nicht inhaftiert, muss seine Tat nicht sühnen, bleibt mit Marianne zurück – war zu dieser Zeit nicht überall gern gesehen. In einer ihrer eher seltenen Fernsehinterviews erzählt Romy Schneider von den Dreharbeiten, von den beiden Versionen des Endes, und auch von ihrer Situation zu jener für sie wichtigen Zeit. Es ist Mai, sie befindet sich unmittelbar vor dem Abflug zu den Filmfestspielen von Cannes, wo *Die Dinge des Lebens* im offiziellen Programm läuft.

Für Romy Schneider markiert *Der Swimmingpool*, überhaupt die sozialhistorisch bedeutenden Jahre 1968/69, einen Wendepunkt in ihrer Karriere. Derays psychologischer Liebesthriller ist die erste veritable Arbeit nach ihrer anderthalbjährigen Pause, die sie nach der Geburt ihres Sohnes David eingelegt hat – sieht man einmal von dem bedeutungslosen Agentenfilm *Otley* (1968) ab, den Regisseur Dick Clement mit ihr und Tom Courtenay in London gedreht hat und der

Werk

seinerzeit auch nicht in die deutschen Kinos gelangt ist. 1969 soll Claude Sautet sie für sich entdecken und mit ihr *Die Dinge des Lebens* drehen.

Die Dinge des Lebens

(Les choses de la vie) Frankreich / Italien 1969. Regie: Claude Sautet. U. a. mit Michel Piccoli, Lea Massari, Gérard Lartigau

Es beginnt alles mit einem Unfall. Irgendwann setzt sich der Architekt Pierre (Michel Piccoli) nach einem Streit mit seiner Freundin Hélène (Romy Schneider) ins Auto und fährt los, nach Rennes. Unterwegs schreibt er einen Abschiedsbrief an Hélène, gibt ihn aber auf dem Postamt nicht auf, steckt ihn ein, in seine Jackentasche. Später, auf der Nationalstraße, passiert es dann, und es ist nicht einmal wirklich seine Schuld. Er fährt zu schnell, aber mit dem Lastwagen und dem dahinter nicht sichtbaren, langsam aus einer Nebenstraße auf die Nationalstraße auffahrenden Viehtransporter konnte er nicht rechnen. Pierres silberner Alfa Romeo kommt von der Landstraße ab, rast ins Feld, gegen Obstbäume. Pierre wird aus dem Wagen geschleudert und liegt bewusstlos und verletzt im Gras, in einer Art Koma. Menschen kommen, es geht alles sehr langsam. Irgendwann beginnt es, stark zu regnen. Während man ihn zu retten versucht und mit der Ambulanz ins Krankenhaus fährt, ziehen Bilder seines privaten und beruflichen Lebens noch einmal an ihm vorbei. Es sind die Dinge des Lebens. Und eigentlich ist das auch schon alles. Eine kleine Geschichte. Über ein kleines, ganz normales, banales Leben. Über das des Mittvierzigers Pierre, der getrennt von seiner Frau Catherine (Lea Massari) lebt, zusammen mit der jungen Übersetzerin Hélène. Mit Catherine hat er einen Sohn, Bertrand (Gérard Lartigau). Das bindet sie, irgendwie. Pierre, der Architekt, der Kopfmensch, der Bindungsunfähige, er ist sich seiner Gefühle zu der temperamentvollen, warmherzigen, bindungswilligen Hélène nicht mehr sicher. Liebt er sie noch? Und Catherine? Die Dinge, sie verlieren an Halt, an Sicherheit, an Verlässlichkeit. Pierre weiß nicht mehr, für wen und für was er sich im Leben entscheiden soll. Er ist hin- und hergerissen. Der Unfall, der gewiss auch als Meta-

Am Set: Regie-
anweisungen
ihres Lieblings-
regisseurs
Claude Sautet an
Romy Schneider

pher für sein Leben zu verstehen ist, macht ihm einen Strich
durch seine Lebensrechnung. Nun ist es das Bewusstsein des
Sterbens, das Nahen des Todes, das das Leben so wertvoll erscheinen lässt. Das Leben in all seiner Vergänglichkeit und
Zerbrechlichkeit. Eine kleine individuelle Geschichte – von
elementarer Allgemeingültigkeit.

Claude Sautets vierter Spielfilm – nach *Die tolle Residenz*
(*Bonjour sourire*, 1955), *Der Panther wird gehetzt* (*Classe tous
risques*, 1959) und *Schieß, solange du kannst* (*L'arme à gauche*,
1964) – hat ihn international bekannt gemacht und ist heute
noch zweifellos zu den wichtigsten französischen Beiträgen
zum europäischen Kino der zweiten Hälfte des 20. Jahrhun-
derts zu zählen. Ein Meisterwerk, ein Film von absolut zeit-
loser Aktualität und Gültigkeit. Denn was Sautet hier erzählt,
das geht uns alle an: Was zählt wirklich im Leben? Arbeit,
Geld, Erfolg? Liebe, Gefühl, Wärme? Und: Irgendwann ist es
zu spät, Korrekturen vorzunehmen, zu revidieren. Die Figur
des Pierre steht für uns alle. Zugleich ist sie Sautets Alter Ego,
wie es der Schauspieler Michel Piccoli überhaupt sein dürfte,
so wie in seinen anderen Filmen auch Yves Montand. Erstma-
lig arbeitet der damals 45-jährige Sautet hier mit dem gerade
einmal 20 Jahre alten Komponisten Philippe Sarde zusammen, der zu seinem Stammkomponisten werden wird. Die
bewegende Seelenstudie unterlegt Sarde mit einer Musik –

Komponist
Philippe Sarde

Werk

darunter ein Chanson mit einem Text von Sautets langjäh-
rigem Koautor Jean-Loup Dabadie, gesungen von Romy
Schneider und gesprochen von Michel Piccoli –, die von unendlicher Melancholie und Traurigkeit durchzogen ist. Einer
Wehmut dem Leben gegenüber. Und dennoch auch Hoffnung in sich birgt. Sautet eben.

Romy Schneider und Claude Sautet begegnen sich zum aller-   Vgl. S. 44 f.
ersten Mal zufällig in den Billancourt-Studios, die zu den
großen Pariser Studios zählen. Das heißt, eigentlich begegnen
sie sich nicht wirklich, sondern Sautet beobachtet sie aus dem
Dunkel eines Ganges, spricht sie nicht an. Er kennt sie bis
dato nicht, hat nie einen ihrer Filme im Kino gesehen. Es ist
das Frühjahr 1969. Romy Schneider synchronisiert dort gerade *Der Swimmingpool*. Es muss wohl ein ganz besonderer Au-
genblick gewesen sein. Und Sautet weiß sofort, dass er diese
Frau besetzen möchte, dass er mit dieser Schauspielerin arbeiten wird. Insgesamt fünfmal werden sie schließlich zusammen
drehen, und Sautet wird lediglich einen einzigen Film in den
siebziger Jahren ohne sie inszenieren – *Vincent, François, Paul
und die anderen* (*Vincent, François, Paul … et les autres*, 1974).
Und für Romy Schneider wird Sautet – neben Luchino Visconti und Orson Welles – der wichtigste Regisseur werden.
Da haben sich zwei gefunden. Er wird zu dem, der sie die
Dinge des Lebens lehrt, sie zu seiner *actrice préférée*.

»Sie ist schön, von einer Schönheit, die sie selbst gestaltet hat. Eine Mischung aus giftigem Charme und tugendhafter Reinheit. Sie ist leicht wie ein Allegro von Mozart, und sie ist sich der Kraft ihres Körpers und seiner Sinnlichkeit bewusst. Ich begegnete ihr zum ersten Mal im Halbdunkel eines Korridors in Billancourt. Damals habe ich gar nicht mit ihr gesprochen; ich hatte nur einfach das ungenaue Gefühl, dass sie intelligent war, und dass da noch etwas war … Ich kannte sie nicht, hatte sie nie im Kino gesehen, nicht einmal als Sissi. Seit dem Beginn der Dreharbeiten zu *Les choses de la vie* hatte ich begriffen, dass ich das Glück gehabt hatte, eine Künstlerin und Frau in einem magischen Moment zu treffen. Denn Romy ist gleichzeitig strahlend selbstsicher und voll innerer Zweifel, eine Künstlerin, die schon alles wusste, es aber nie hatte ausdrücken können. Romy, das ist die Lebhaftigkeit selbst, eine animalische Lebendigkeit, mit brutalen Wechseln in ihrer Ausdrucksfähigkeit, die von männlicher Aggressivität bis zu subtilster Sanftheit reicht. Romy ist eine Schauspielerin, die das Alltägliche hinter sich lässt, die eine Sonnen-Dimension einnimmt. Sie besitzt dieses Unergründlich-Zweideutige, das das Schicksal großer Stars ausmacht. Ich habe sie vor der Kamera gesehen, konzentriert, angespannt, sich mit einer Noblesse bewegend, mit einer Impulsivität und einer moralischen Haltung, die die Männer verstört. Im Film wie im Leben. Romy, eine französische Aktrice geworden, symbolisiert eine Frau von starker Unabhängigkeit, die mit Männern Beziehungen der Stärke führt. Sie erträgt weder die Mittelmäßigkeit noch den Verfall von Gefühlen. Sie hat noch viel zu geben. Sie wird immer spielen … denn Romy hat ein Gesicht, das die Zeit nicht zerstören kann.« (Claude Sautet 1978; *Boujut* 1994, S. 273)

Die Dinge des Lebens dürfte der erste Film sein, der Romy Schneider als selbständige, emanzipierte – nicht feministische – Frau zeigt, eine Frau, die ihren Beruf ausübt und einen Mann liebt. Eine junge moderne Frau. Mit Sautets Lebensdrama wird ein neuer Rollentypus für Romy Schneider angelegt, den sie in den folgenden Arbeiten mit ihm noch verfeinert und erweitert, ihn manifestiert. Diese Hélène, sie liebt Pierre, und sie will mit ihm leben. Sie will ihn ganz, bedingungslos, ohne Wenn und Aber. Sie ist es auch, die den gemeinsamen Plan, für drei Jahre nach Tunesien zu gehen, umsetzen will, während er zögert und die Reise immer wieder verschiebt. Sie streiten deshalb bei einem Abendessen in einem Restaurant, Hélène ist eifersüchtig auf Pierres Frau Catherine und deren Sohn Bertrand. Eifersüchtig, da Pierres Sohn mit ihm und Catherine gemeinsam Urlaub machen will, auf der Île de Ré, mit dem Boot, so wie früher. Ein Urlaubsidyll, festgehalten auf Fotos, die Hélène zuvor entdeckt hat. Ein Idyll, das Hélène schmerzt. Denn Pierre ist nicht frei von Gefühlen für Catherine und vice versa. Umso mehr kämpft Hélène, womöglich auch aus Verletztheit. Die konsequente Entschiedenheit der Figur Hélènes steht kontrastierend zur völligen Unentschlossenheit Pierres. Hélène weiß, was sie will, weiß, wo sie steht. Pierre weiß beides nicht. Romy Schneider spielt diese junge Frau mit Kraft, Energie und Vehemenz, einerseits. Dabei strahlt sie, wirkt hell und lebendig. Andererseits aber zeigt sie auch all ihre Ohnmacht und Verzweiflung angesichts der Unberührbarkeit Pierres. Dann wiederum verdunkelt sie sich, ist resigniert, schmerzerfüllt. Es ist ein Phänomen, wie sich innerhalb jener Restaurantszene, in der Pierre Hélène von dem geplanten Urlaub erzählt, Romy Schneiders Gesicht, umrahmt von ihrem offenen Haar, verändert, wie sich an ihm ihre innere Verfassung geradezu ablesen lässt, wie sich dieses wunderschöne Strahlen in ihren hellen Augen von jetzt auf gleich verflüchtigt, als er die Reise nach Tunesien abermals aufschiebt und vom Urlaub auf der Île de Ré spricht. Da fühlt sich eine Frau nicht geliebt, fühlt sich zurückgewiesen und verletzt. Und das spielt eine, die diese Verletzungen und Enttäuschungen nur allzu gut kennt. Letztendlich erreicht Hélène Pierre nicht. Wird auf sich selbst zurückgeworfen.

Die hierfür wohl exemplarischste Szene ist jene, in der Pierre Hélène nach Hause fährt, nachdem sie bei ihren Eltern waren. Die Szene beginnt genau nach dem ersten Drittel des Films. Es ist spätabends. Pierre raucht nonstop und schweigt. Hélène redet auf ihn ein. Sie monologisiert, da er die Kommunikation völlig verweigert. Sie sieht ihn öfter an, er sieht zumeist

Auto-Sequenz

geradeaus und fährt und raucht. Die Kamera (Jean Boffety) zeigt dabei ungebrochen die beiden Schauspieler, geht ins Innere des Wagens, nie ins Außen. Ein hermetischer Raum ohne Fluchtmöglichkeit. Ein Gefängnis. Romy Schneider, nun mit fest nach hinten gebundenem Haar strenger wirkend, trägt in dieser langen, dunklen Sequenz ein helles gelb-grünes Kleid. Es ist der einzige Farbtupfer in dieser traurigen Szenerie. Und Hélènes Monolog ist der Abgesang auf diese Liebe: »Was willst du eigentlich, Pierre? Dass wir uns trennen?! Das gleiche Gesicht, das gleiche Schweigen. […] Du liebst mich, weil ich da bin. Aber wenn du auch nur über die Straße müsstest, um zu mir zu kommen, wär' dir das zu viel. Du bist nur noch bequem. […] Was bin ich denn noch? Eine Frau, die dir im Wagen eine Szene macht. Das ist doch jämmerlich! Du musst dir das anhören, anstatt schlafen zu gehen. Ich seh' dich an, und ich könnte weinen, weil ich so müde bin. Müde, dich zu lieben. […] Ich kann dir nicht geben, was du nicht mehr hast. Deine Insel, die Freunde von früher, ein Boot, eine Schule, was weiß ich … gemeinsame Erinnerungen …« Hélène steigt aus dem Auto und geht in das Pariser Wohnhaus, dessen Eingangstür aus Glas ist. Pierre sieht ihr nicht nach, sondern steckt sich die nächste Zigarette an. Sie dreht sich währenddessen um und sieht ihn im Wagen. Es soll das letzte Mal sein, dass sie sich sehen. Regen setzt ein, dann fährt Pierre ab. Und sie, bereits hinter der Glastür, tritt noch einmal hinter einer Wand im Foyer hervor, blickt ins Leere. Es ist eine Szenerie von unendlicher Traurigkeit. In vielen Filmen Claude Sautets sind Liebende durch gläserne Tür- oder Fensterscheiben getrennt. Sie können sich sehen, aber sie erreichen sich nicht. Die dieser Sequenz zwischen Romy Schneider und Michel Piccoli ähnlichste ist jene zwischen Emmanuelle Béart und Daniel Auteuil in Sautets vorletztem Film, *Ein Herz im Winter* (*Un cœur en hiver*, 1992). Sautets Kino, es ist auch ein Kino der Augen-Blicke.

»Talent und Erfahrung, Intelligenz und Feinfühligkeit, Bild und Text ergeben hier die seltene Mischung, nie mehr zu sagen oder zu zeigen, als unbedingt notwendig. Man fragt sich verwundert, wie Romy Schneider so abrupt von Zärtlichkeit zu Aggressivität, von Hingabe zu Härte wechseln kann. Sie ist die ideale moderne Frau, die so viel fordert, wie sie gibt.« (*France Soir*; 14. März 1970)

Dass es in *Die Dinge des Lebens* später ausgerechnet Catherine ist, die den nie an Hélène abgeschickten Abschiedsbrief Pierres im Krankenhaus ausgehändigt bekommt, ihn liest, dann vernichtet, mag die logische Konsequenz aus Pierres Zerrissenheit sein: Die Exfrau nimmt so an, dass Pierre zu ihr zurückkehren wollte, während die Freundin nie erfährt, dass er sich von ihr trennen wollte. Eine doppelte Schicksalhaftigkeit. Das Schlussbild, es zeigt, wie Hélène nach der Todesnachricht aus dem Krankenhaus eilt, und friert sie ein, mit wehendem Haar, in ihrem weißen Kleid, allein.

Les choses de la vie erhielt 1970 in Frankreich den »Prix Louis Delluc«. Dass Romy Schneider gerade für ihre eindringliche Interpretation der Hélène keinerlei Auszeichnung erhielt, bleibt verwunderlich, denn es ist ohne jeden Zweifel eine ihrer besten Darstellungen in einem ihrer wichtigsten Filme überhaupt. Für viele ist es ohnehin der schönste.

> »*Die Dinge des Lebens* ist einer meiner liebsten Filme, er berührt mich immer wieder, ohne in seiner Wirkung nachzulassen ... weil er nicht veralten kann. [...]
> Claude Sautet und ich, wir haben zueinander absolutes Vertrauen, und seit *Die Dinge des Lebens* mögen wir uns immer mehr. Ich habe mit sehr berühmten Regisseuren gedreht, doch am tiefsten empfand ich das Vertrauen zu ihm und die Dinge des Lebens, die man miteinander teilt. Ich möchte, daß unsere Freundschaft so bleibt, daß sie nicht anders wird und daß auch ich nicht anders werde. Er hat mich die Dinge des Lebens gelehrt – er hat mir etwas über mich selbst beigebracht.« (Romy Schneider im Herbst 1969; IR, S. 263)

César und Rosalie

(César et Rosalie) Frankreich/Italien/Deutschland 1972. Regie: Claude Sautet. U. a. mit Yves Montand, Sami Frey, Isabelle Huppert

Nach *Die Dinge des Lebens* (1969) und *Das Mädchen und der Kommissar* (1970) und vor *Mado* (1976) und *Eine einfache Geschichte* (1978) markiert *César und Rosalie* gewissermaßen die »Halbzeit« in der äußerst fruchtbaren Zusammenarbeit zwischen Claude Sautet und Romy Schneider. Für Romy ist die-

Romy Schneider und Michel Piccoli in Sautets *Mado* – ungeschminkt, unverstellt

se Zeit eine der produktivsten, sie dreht Film um Film, mitunter sind es wieder drei Produktionen im Jahr. Mit Luchino Visconti hat sie zuvor *Ludwig II.* in Bayern und in Österreich abgedreht. Und nach *César und Rosalie* wird sie in dem polithistorischen Stoff *Le Train – Nur ein Hauch von Glück*, einer Georges-Simenon-Verfilmung von Pierre Granier-Deferre, zusammen mit Jean-Louis Trintignant spielen, eine Liebesgeschichte zwischen einem Franzosen und einer deutschen Jüdin in den Wirren des Zweiten Weltkriegs. Romy Schneiders Rollen sind sehr disparat, qualitativ wie in ihrer Anlage, doch eines haben sie inzwischen allesamt gemeinsam – es sind erwachsene, selbstbestimmte, moderne Frauen, die sie interpretiert. Ursprünglich war laut Sautet eigentlich Catherine Deneuve für den Part der Rosalie vorgesehen, doch nachdem auch nach Monaten noch kein Vertrag zustande gekommen ist, telegraphiert er das Rollenangebot an Romy nach Mexiko, wo sie gerade mit Alain Delon *Die Ermordung Trotzkis* (1971) unter Joseph Loseys Regie dreht. Später treffen sich Claude Sautet und Romy Schneider in Italien, nachdem sie nach der Lektüre eines 20-seitigen Exposés das Angebot ihres Lieblingsregisseurs angenommen hat.

Yves Montand

Mit Yves Montand steht Romy Schneider das erste Mal gemeinsam vor der Kamera. Später wird sie in noch einem weiteren Film mit ihm arbeiten, in Constantin Costa-Gavras' Liebesdrama *Die Liebe einer Frau* (1979), das unter einer et-

Constantin Costa-Gavras

»Ich bin sehr glücklich über diesen Film, und dieses Glück macht mir sogar die schreckliche und anstrengende Synchronarbeit daran erträglich.

Was mir über den Erfolg hinaus an *César und Rosalie* so gefiel, war die Arbeit mit Claude Sautet. Er ist mein Lieblingsregisseur, weil er ein Freund der Schauspieler ist. Er ist der Größte, jedes Zusammensein mit ihm ist etwas Besonderes.

Ich suche mir halt die Rosinen aus, was ich als solche empfinde eben. Rollen, die ich gern spiele, vor allem auch Regisseure, die ich gern mag und die mich mögen.« (Romy Schneider im Dezember 1972; IR, S. 279)

was spröden Umsetzung in der Inszenierung und einer holprigen Dramaturgie mit ungelenken Dialogen leidet, aber dennoch ein Erfolg seiner Zeit wird. Da treffen sich in Paris zwei um ihre Partner trauernde Menschen, völlig zufällig, und sie versuchen, einander Halt zu geben in dieser doppelten Lebenskrise. Montand, der unter Costa-Gavras' Regie diverse Male spielte, unter anderem etwa in dem Politfilm *Z* (1968), meint seinerzeit, dass *Die Liebe einer Frau* das genaue Gegenteil von *César und Rosalie* sei. Doch hier, ausgerechnet bei Sautet, verstehen sich Romy Schneider und Yves Montand während der langen Dreharbeiten von 14 Wochen nicht wirklich gut. Auch Sautet, so sagt er rückblickend selbst, sei während des Drehs in der denkbar schlechtesten Stimmung gewesen. Zwischen den drei Hauptdarstellern herrscht kein gutes Klima, Sautet muss stets einschreiten und schlichten. Romy verbündet sich immer wieder mit Sami Frey gegen Montand, der in ihren Augen den eingebildeten Starken mimt, ihr unerträglich ist. »Il me fait chier celui-là!« (»Der kotzt mich an, der da!«), lässt sie nicht selten am Set gegenüber Sautet verlauten (Boujut 1994, S. 105). Hinzu kommt der private Umstand, dass es in der Ehe zwischen Harry Meyen und Romy Schneider längst nicht mehr zum Allerbesten steht, sie ihre Ängste denn auch in die Rolle der in sich zerrissenen Rosalie mit einbringt.

Im Übrigen gehört auch die wirklich blutjunge Isabelle Huppert zu den Darstellern, sie ist in der Nebenrolle der jüngeren Schwester Rosalies, Marité, mit mädchenhaftem Gesicht und ganz langem Haar zu sehen.

Die melancholische Dreiecksgeschichte *César und Rosalie* wird in der Vendée und in Paris gedreht, das bestechende Drehbuch hat Sautet, wie so oft, zusammen mit Jean-Loup Dabadie unter Mitarbeit von Claude Néron geschrieben, die Musik stammt wieder von Philippe Sarde, für die Kamera zeichnet abermals Jean Boffety verantwortlich. Sautet, immer wieder versammelt er am liebsten seine Stamm-Mitarbeiter, seine Filmfamilie um sich.

Eine Frau zwischen zwei Männern – Rosalie (Romy Schneider). Da ist einerseits César (Yves Montand), der wohlhabende Geschäftsmann in den besten Jahren, der mit Geldscheinen wedelnde Schrotthändler, der Extrovertierte, der Choleriker, der Pragmatiker, der Rationale, der Max Frisch'-sche Homo faber. Der, der zupackt und anpackt und nur an das glaubt, was er sieht. Und da ist andererseits David (Sami Frey), der jüngere freie Comiczeichner, der kreierende Romantiker, der Introvertierte, der Phantasierende, der Sensible, der Künstlertypus. Und sie, Rosalie, Anfang dreißig, modern, sensibel auch, sehr sogar, und irgendwie getrieben, unstet. Rosalie liebt César, und César liebt Rosalie. Ihr Altersunterschied scheint sie nicht zu stören. Mit Antoine (Umberto Orsini), mit dem sie einst verheiratet war, hat Rosalie das kleine Töchterchen Cathérine, sonst verbindet die beiden nichts mehr. An jenem Tag, an dem Rosalies Mutter Lucie (Eva-Maria Meineke) zum dritten Mal heiratet, verändert sich alles. Denn Lucie hat ohne Rosalies Wissen David eingeladen. David, das ist der Mann, wie es einmal heißt, der schon vor Antoine da war und nach Antoine und vor César. Nun ist er nach fünf Jahren aus den USA zurückgekehrt und steht, für Rosalie völlig unerwartet, auf Mutter Lucies Hochzeitsgesellschaft. Und César kommt dazu. Rosalie, zwischen beiden, stellt sie einander vor – César und David. Zwei Namen, die für zwei grundverschiedene Lebensentwürfe stehen. Das Auftauchen Davids bringt die Dinge aus dem Lot, aus dem Gleichgewicht. Erinnerungen werden wach, Vergangenes und

Werk

Gegenwärtiges vermischen sich. Rosalie ist hin- und hergerissen. Wen liebt sie wirklich? Mit wem will sie wirklich sein? Sie weiß es nicht mehr. Es beginnt ein fortwährendes Hin und Her, ein steter Wechsel der Orte und Plätze auch. Der sonst so selbstsichere César hält die ungewohnte Ungewissheit nicht lange aus, verwüstet Davids Atelier, brüllt, schimpft, tobt. Daraufhin verlässt Rosalie mit David die Stadt, sie fahren in den Süden ans Meer, in die Nähe von Sète, dorthin, wo ein Onkel Davids ein kleines Restaurant führt. Und César reist ihnen nach, findet sie, will Rosalie nicht verlieren. Und sie kehrt zu ihm zurück. Zu ihm, dem Großen, Lauten, Starken, der nun verloren wirkt, hilflos, schwach. Während David wieder nach Paris geht, mit seinen Freunden im renovierten Atelier weiterarbeitet, reisen César und Rosalie in das von ihm neu gekaufte Haus in der Vendée, direkt an der Atlantikküste. Freunde kommen nach, und auch die kleine Cathérine ist dabei. César hofft, dass nun alles gut wird. Doch Rosalie wirkt abwesend, geradezu leer. David scheint ihr zu fehlen. So fährt César auf eigene Faust zurück nach Paris und versucht, David zu überreden, mit ihm zu kommen. David weigert sich zunächst, es kommt zur handgreiflichen Auseinandersetzung. Und César geht allein ins Café gegenüber und wartet. Bis David kommt und sie gemeinsam an die Küste fahren. Wieder hofft César, dass nun alles gut wird. César und David, die beiden so ungleichen Männer, sie beginnen sich anzufreunden, gehen miteinander fischen, tauschen sich aus. Und hier zeigt Sautet noch einmal solch ein bedeutsames Dreierbild wie anfangs auf der Hochzeit, ein Triptychon der Liebe: Da geht Rosalie abends mit beiden Männern am Meer spazieren, am Strand. Den einen hat sie links untergehakt, den anderen rechts. Da sind sie kurz komplett, sind alle Elemente, die sich Rosalie ersehnt, beisammen. Eine unlebbare Variante einer ménage à trois.

Wieder sind die Menschen bei Sautet durch Scheiben und Gitter voneinander getrennt. Sie können hindurchsehen, sich aber nicht erreichen. Noch nicht. Oder nicht mehr. Da steht etwa der verzweifelte César im Café hinter der Glastür einsam am Tresen, bis David schließlich kommt und sie doch zusammen zum Haus ans Meer fahren. Die Schluss-Sequenz dann zeigt von außen, wie David zu Besuch bei César ist und sie gemeinsam essen, am geöffneten Fenster, gleich unten im Erdgeschoss, davor ein Garten, ein großes Gitter, ein Tor. Ein Taxi fährt vor, Rosalie sitzt darin. Sie steigt aus und sieht sie sofort, wie sie essen und trinken und sich angeregt unterhalten. Sie sieht, wie beide in ihren Augen eine Einheit ergeben. César und David in einer Person, das mag ihr Ideal sein – unerreichbar, unlebbar, irreal. Sie geht langsam am Gitter entlang, am Toreingang bleibt sie schließlich stehen. Da erblickt David sie als Erster, und sein Blick wird fest, fixierend. Daraufhin dreht César seinen Kopf in Richtung des Gartentors, und es ist, als würde ihn ein Blitz durchfahren. Da sehen sich Liebende wieder. Keiner von ihnen weiß, ob es gut ist und was wird. Die finale Einstellung geht zurück zu Rosalie und friert ihr Gesicht ein. Alles könnte in diesem wunderschönen Gesicht liegen. In diesem offenen Ende auch.

Nachtblende

(L'important c'est d'aimer) Frankreich/Deutschland/Italien 1974. Regie: Andrzej Zulawski. U. a. mit Fabio Testi, Jacques Dutronc, Klaus Kinski

Ein Filmset. Eine Frau, Schauspielerin, geht, das Gesicht dem Betrachter zugewendet, rückwärts den hell ausgeleuchteten Flur einer Altbauwohnung entlang. Ihr Blick ist starr, irgendwie traurig. Dann die zugerufene Anweisung, dass sie sich umdrehen soll, ihre Rückansicht ist nun zu sehen. Zu hören ist eine Frauenstimme, die der Regisseurin, die sie führt, die sie regelrecht antreibt, als die Schauspielerin sich auf einen am Boden liegenden, blutüberströmten Kollegen knien soll, ihm ein »Ich liebe dich« entgegenhauchend. Die Schauspielerin heißt Nadine Chevalier. Romy Schneider spielt sie. *Ist* sie. Und sie kann es ihm erst nicht sagen, dieses »Ich liebe dich«, ist blockiert, überfordert, weigert sich. Immer mehr treibt die nassforsche Regisseurin sie an, bis es in einem geradezu demütigend schroffen Anfeuern mündet: »Na los, mach schon, los, du hast einen Vertrag, und du wirst dafür bezahlt, also tu, was man von dir verlangt, los!«

Nadine bemerkt, dass sie dabei fotografiert wird. Geradezu flehend blickt sie daraufhin an diesem Set im Set in die Kamera, die wiederum die Kamera des Films ist, den der reale Zuschauer gerade sieht, und sagt, noch am Boden auf ihrem Schauspielkollegen sitzend, mit Tränen in den Augen, eine abwehrende Hand hebend, in Richtung des sie fokussierenden Fotografen Servais Mont (Fabio Testi): »Nein, keine Fotos machen, bitte nicht … Nein, ich bin Schauspielerin, wissen Sie, ich kann wirklich was … Das hier, das mach' ich, um leben zu können … Also bitte machen Sie keine Fotos … Ich bitte Sie …«

Es ist dieser kurze Monolog mit langem Blick in die nahe Kamera, der durch Romy Schneiders Interpretation von größter Eindringlichkeit ist, ja von größter Authentizität. Denn wie so oft bei ihr ist dieser kleine langsam gesprochene Monolog einer Schauspielerin zugleich Romys ureigener Monolog, ihre Ansprache nach außen, ihre Zwiesprache auch mit sich selbst. Dabei wirkt dieses »Ich kann wirklich was« wie eine Rechtfertigung, wie eine Verteidigung dessen, was sie da gerade wenig künstlerisch Wertvolles macht, um ihr Leben finanzieren zu können. Und vielleicht ist es sogar ihr Appell an all die realen Fotografen und Paparazzi da draußen. Die Rolle der Nadine wird in diesem Moment sekundär, tritt hinter Romy zurück. Am doppelten Filmset dieses Filmes im Film spricht Romy Schneider letztendlich unmittelbar zu ihrem Publikum. Ihre direkte Anrede durchbricht somit zugleich die filmische Ebene, durchbricht die fiktive Narration.

Monolog in die Kamera

Nadine lebt zusammen mit ihrem Ehemann Jacques (Jacques Dutronc), einem in den Tag hinein lebenden Träumer und Taugenichts. Jacques hängt an Nadine, er braucht sie. Einst hing Nadine an Jacques, brauchte ihn. Und so gibt Nadine dem um sie werbenden Servais zunächst nicht nach, der plötzlich vor ihrer Haustür steht, sie wieder fotografieren will, diesmal in privatem Umfeld. Die Fotos gewährt sie, während der ungelenke, unbehende Jacques strapaziös durch die Wohnung stolpert. Doch Servais lässt nicht locker, arrangiert ohne Nadines Wissen ihre Mitwirkung in einer Theateraufführung, um sie von ihren zwiespältigen Engagements wegzuholen.

Das Geld für die Realisierung der Inszenierung leiht sich Servais bei dem Kriminellen Mazelli (Claude Dauphin). Doch die Aufführung von Shakespeares *Richard III.*, bei der Nadine zusammen mit dem deutschen Schauspieler Karl-Heinz Zimmer (Klaus Kinski) auf der Bühne steht, scheitert schließlich, und Nadine erfährt die wahren Gründe für ihr Bühnenengagement. Sie bietet sich Servais daraufhin an, will bezahlen, will ihm nichts schuldig bleiben. Doch Servais will sie so nicht, er hat sich längst in die attraktive Aktrice verliebt. Als Jacques, für den Nadine inzwischen mehr Mitgefühl denn Liebe empfindet, von alledem erfährt, bringt er sich um, endet mit einer Überdosis Tabletten elendig in den Toilettenräumen eines Restaurants. Nadine fühlt sich schuldig am Tod ihres labilen Lebensgefährten. Währenddessen wird Servais von seinem Gläubiger Mazelli unter Druck gesetzt, da der Fotograf sich weigert, für das geliehene Geld Fotos reicher Leute zu machen, mit denen Mazelli diese anschließend erpressen will. Mazelli setzt Servais eine Frist von zehn Tagen, das Geld zurückzuzahlen. Karl-Heinz Zimmer bietet Servais seine Hilfe an, da er durch ein Erbe vermögend geworden ist, dennoch schickt Mazelli seine Männer zu Servais.

Die Schluss-Sequenz des Films greift jene vom Anfang wieder auf, mit dem Unterschied, dass nun Realität ist, was zuvor Fiktion war: Nadine findet Servais, der von Mazelli und dessen Gang auf brutale Weise zusammengeschlagen wurde. Blutüberströmt liegt Servais in einer Ecke der großen leeren Wohnung. Nadine kniet bei ihm nieder und nimmt sich seiner an. Und dann, so wie sie es anfangs ihrem Rollenpartner sagen sollte, sagt sie es nun Servais im wahren Leben – dass sie ihn doch liebt.

Neben ihrem eindrücklichen Monolog zu Beginn des Films sind es jene wenigen Szenen, die Romy Schneider zusammen mit dem genialischen Klaus Kinski hat, die Zulawskis gemeinhin völlig überschätzten Film ausmachen. Es sind dies Szenen von großer Intensität, in denen sich Romy Schneider und Klaus Kinski (der sich hier leider nicht selbst synchronisiert) auf der Theaterbühne begegnen – diese beiden deutschen singulären Akteure, die hier das einzige Mal miteinan-

Klaus Kinski

der spielen. Beide werden sie auf ihre Weise in ihrem Heimatland ambivalent rezipiert, mitunter verkannt, unterschätzt oder auf einen eindimensionalen Rollentypus festgelegt – Romy Schneider als ewige Jungkaiserin Sissi, Klaus Kinski als ewiger schizoider Psychopath in der bundesrepublikanischen Edgar-Wallace-Reihe und auch anderswo.

Andrzej Zulawskis *L'important c'est d'aimer* basiert auf dem Roman *La nuit américaine* von Christopher Frank, mit dem er auch das Drehbuch schrieb. Der Film wurde von ursprünglich 116 Minuten Laufzeit um sechs Minuten gekürzt, die integrale Fassung nie gezeigt. Doch gerade diese Version enthält etwa jene Sequenzen, in denen Nadine Chevalier die Eltern des verstorbenen Jacques draußen auf dem Land besucht, diese sie aber ablehnen und sein Bruder gar Steine nach ihr wirft. Daraufhin kehrt sie zu dem verletzten Servais zurück. *Nachtblende*, wie der Film deutsch betitelt ist, stellt ein unausgegorenes Konglomerat an Genres und Stilen dar, das weder in seiner narrativen Struktur noch in seiner inszenatorischen Haltung zu überzeugen vermag. Es ist ein Genremix aus Liebesmelodram und Künstlerpsychogramm. Zulawski, ein junger in Paris lebender Regisseur polnischer Herkunft und ein Schüler Andrzej Wajdas, zur Entstehungszeit des Films 33 Jahre alt, hat ein schrilles Drama gedreht, das ein Drama der Behauptungen ist. Einzelne Handlungsabläufe sind nicht nachvollziehbar, und allen Figuren ist eine seltsame Leblosigkeit eigen, die durch die uninspirierte Führung der Schauspieler nur mehr verstärkt wird. Alles und alle sind exaltiert, überspannt, überdreht. *Nachtblende* versammelt ein Arsenal an überzeichneten Figuren, die mit sich und den anderen

Andrzej Zulawski

»Hier wird nur im Superlativ gefühlt und agiert. Ein schöner, hartgesottener Photoreporter steigt ein in vergammelte Villen, Pornoateliers und Schmierenbühnen der selbstverständlich ebenfalls schönen, aber beruflich und privat verderbten Schauspielerin Nadine (Romy Schneider) nach, ermöglicht ihr einen erfolglosen Bühnenauftritt in *Richard III*. und Klaus Kinski, bei dieser Gelegenheit sein ganzes outriertes Selbst zu mimen.« (Dieter E. Zimmer; *Die Zeit*, Februar 1975)

nichts anzufangen wissen. Neben den kurzen intensiven Auftritten Klaus Kinskis ist es Romy Schneider, die hier einzig
und allein in der Rolle der Nadine Chevalier, die ihr so nahe
ist, beeindruckt. Sie wird dafür 1976 mit dem französischen
»César« »César« als beste Darstellerin ausgezeichnet. Einmal, da fällt
der Satz »Schauspielerinnen sind sensibel, sie zerbrechen
leicht« – und es ist, als sei auch diese paradigmatische Sentenz
wie zuvor schon der Monolog nur und allein für Romy
Schneider geschrieben.

Das Verhör

(Garde à vue) Frankreich 1981. Regie: Claude Miller. U. a. mit Michel
Serrault, Lino Ventura, Guy Marchand

Claude Miller Claude Millers klassischer französischer Polizeifilm *Das Verhör* ist auf den ersten Blick kein Film, in dem Romy Schnei-
der eine wirklich tragende Rolle zu spielen scheint. Und doch
ist es ihr mit zunehmender Laufzeit des Dramas lange erwar-
teter Auftritt, der diesem dichten, wie hermetisch in sich ab-
geschlossenen Kammerspiel eine neue Färbung, eine zusätz-
liche Tiefe verleiht. Basierend auf dem Roman *Brain Wash*
von John Wainwright – Miller hat ihn zusammen mit Jean
Herman adaptiert und Michel Audiard die präzisen und stim-
migen Dialoge verfasst –, erzählt Miller hier vom Drama einer völlig zerrütteten, nicht mehr gelebten Ehe. Nichts ist
kälter als eine tote Liebe – so es sie denn je gab. Miller hat eine
beklemmend traurige visuelle Metapher dafür gefunden: Zwischen den ohnehin separaten Schlafzimmern der Eheleute
Martinaud befindet sich ein Gang, den die Kamera von Bruno Nuytten immer wieder entlangfährt, endlos mutet er an,
dunkel ist er immer. Der allseits so angesehene Notar Jérôme
Martinaud (Michel Serrault) erreicht seine Frau schon lange
nicht mehr. Ein zutiefst Einsamer. Ein Verstoßener. Ein Un-
geliebter auch. Seine Frau Chantal (Romy Schneider) hat ihn
seinerzeit nur wegen des Geldes geheiratet. Die Liebe, sie
musste ihrerseits erst gar nicht erkalten. Oben, im ersten
Stock des Einfamilienhauses der Martinauds, da ist »das Kin-
derzimmer, das Gästezimmer und das unsere. Das Kinder-
zimmer ist leer geblieben, das Gästezimmer ist das Zimmer

meiner Frau geworden, und das unsere ist das meine geworden. Zwischen diesen beiden Zimmern ein 15 Meter langer Gang«, sagt der Notar einmal bitter im Verhör. »Es gibt viele Dinge, die ein Ehepaar trennen können – Ehebruch, eine unheilbare Krankheit, der Tod. Ich bin von meiner Frau durch einen Gang getrennt, einen 15 Meter langen Flur. Ganz einfach. Eine 15 Meter lange Wüste.« Parallel hierzu zeigt Claude Miller diesen Gang, in dunkelblaues Licht getaucht, und die sich ein wenig öffnende braune Tür am Ende des Korridors, hinter der helles Licht brennt. Wie eine Verheißung wirkt dieses langsame Öffnen der Tür, eine sich erfüllende Sehnsucht. Hierum geht es eigentlich, das ist der Kern dieses kühlen Polizeifilms, der im Grunde ein stiller intelligenter Film über Einsamkeit und über Liebesentzug ist. Die Schlüsselfigur hierbei ist Chantal Martinaud. Mit ihrem Auftritt, der dem einer Hollywood-Diva oder eines Vamps gleicht, verändert sich auch das Verhältnis zwischen Gallien und Martinaud. Sie erscheint auf dem Kommissariat von Inspektor Gallien (Lino Ventura), und ihr Gesicht ist stets halb im Licht, halb im Dunkel. Eine Frau mit zwei Gesichtern. Gedämpft ist ihre Stimme. Vielleicht ohne Kraft, aber gefasst. In ihrem Ton mag durchaus auch Berechnung liegen. Sie ist eine Frau, die viel erlebt hat, die nicht viel und gerne spricht, die einsam ist. Eine am anderen Ende des Korridors. Als sie Inspektor Gallien aufsucht, da ist es Nacht, und es will gar nicht mehr aufhören zu regnen. Es ist just die Silvesternacht in dieser irgendwo am Meer in der Normandie gelegenen Kleinstadt. Gallien hat Monsieur Martinaud Stunden zuvor schon aufs Kommissariat gebeten, obgleich unmittelbar nebenan der Silvesterball läuft, auf dem auch Martinaud zu Gast sein sollte, und wo doch allen nach Feiern und Anstoßen zumute ist. Im Smoking also ist der Maître erschienen. Doch die Anhörung eines vermeintlichen Zeugen hat sich mehr und mehr zum Verhör eines potenziellen Täters entwickelt. Schließlich war es Martinaud, der über eine der beiden Leichen zweier achtjähriger Mädchen gestolpert ist, die erst vergewaltigt und dann erwürgt worden sind. Eine zum Selbstschutz vorbeugende Maßnahme des Täters? Gallien treibt Martinaud im-

»Ein 15 Meter langer Gang«

mer mehr in die Enge. Ungereimtheiten, Unklarheiten, Widersprüche scheinen sich aufzutun. Als seine Frau ihn zusätzlich belastet, ein Motiv liefert, gesteht der arme Notar schließlich. Er gesteht, weil er nicht mehr kann, keine Kraft mehr hat, und nicht, weil er der gesuchte Mädchenmörder ist. Und seine Frau Chantal schwebt – ganz in Schwarz gekleidet, mit hochgestecktem Haar – wie ein unheilvoller Todesengel durch das Kommissariat, durch die Nacht. Irgendwann, da geht sie wieder. Auch ist der eigentliche Mörder gefasst und geständig. Als am Ende alle das Kommissariat verlassen haben und noch auf der Straße um den Wagen stehen, in dessen Kofferraum eine weitere Mädchenleiche gefunden wurde, da sitzt Chantal Martinaud bereits im Wagen, den Kopf leicht nach hinten gelehnt, der Regen prasselt auf das Autoblech. Sie sitzt regungslos dort, ist wie zur Büste erstarrt, versteinert. Die Notarsgattin hat sich in die Schläfe geschossen, eine Pistole liegt in ihrer rechten Hand. Als ihr Mann zu ihr in den Wagen steigt und dies erkennt, da springt er wieder heraus und schreit den Namen des Inspektors zweimal gellend über die Straße, während dieser sich gerade aufmacht, draußen, vor dem Kommissariat, zu gehen. »Gallien!«, hallt es durch die Nacht. Verstört, erschrocken sind darauf die Blicke des Inspektors. »Gallien!«, abermals hilflos-verzweifelt. Der Aufschrei des Notars ist ein tiefer Schmerzensschrei. Der Unschuldige ist nun völlig allein, hat niemanden mehr, nicht einmal mehr am Ende des seine Existenz ausmachenden langen dunklen Gangs. Es ist sieben Uhr morgens.

Auch in diesem Film, ihrem drittletzten, stirbt Romy Schneider den Filmtod – wie zuvor schon in den beiden vorangegangenen und wie in den beiden noch folgenden. Ihre letzten fünf Lebens-Filme enden allesamt mit ihrem Filmtod. Dunkel ist sie hier, verschattet, strahlt nicht. Und so verhältnismäßig klein ihre Rolle in diesem Duell der Giganten Ventura–Serrault (der hierfür einen »César« erhielt) auch sein mag, so fein ist sie, so präzise inszeniert, so bestechend kühl gespielt. Ein Seelenporträt einer Verlorenen. Der Film wurde im Frühjahr 1981 gedreht, von Januar bis März, und später synchronisiert Romy Schneider ihn selbst wie alle ihre Filme – bis auf

Schornstein Nr. 4 (1966) und *Die Spaziergängerin von Sans-Souci* (1982). Während der Synchronarbeiten nimmt sie Sohn David an einem Tag mit ins Studio. Sie sehen sich in dieser Zeit nur wenig, er lebt draußen in Saint-Germain-en-Laye bei Daniel Biasinis Eltern, zusammen mit Schwester Sarah. Nach dem Synchronisieren gehen sie noch gemeinsam in die Cafeteria. Es ist das letzte Mal, dass sich Mutter und Sohn am 24. Juni 1981 lebend sehen. Kurz darauf, am 5. Juli, verunglückt David tödlich.

Das letzte Treffen mit David

>»Quantitativ war es eine kleine Rolle, aber qualitativ war es eine Schlüsselrolle. Man spricht von ihr seit Beginn des Films, und sie ist es, die den Film kippen lässt. Ich habe Überlegungen angestellt, wie sie Hitchcock, so glaube ich, angestellt hätte. Das Problem war nicht, eine gute Schauspielerin zu bekommen. Ich hätte deutlich weniger bekannte finden können. Jedoch, vom Gesichtspunkt des Suspense her, musste es ein Star sein, musste sie auf dem Plakat erscheinen, so dass man weiß: Von einem Moment auf den anderen kann Romy Schneider in der Rolle der Chantal Martinaud auftreten. Der Zuschauer ist heute nicht mehr unschuldig, unwissend – wenn er ins Kino geht, dann weiß er, er wird Romy Schneider haben. Ich habe dem Sorge getragen, indem ich ihr Foto zeige, bevor sie erscheint. Man weiß, seit Hitchcock, dass der Suspense über die Sehnsucht, das Verlangen funktioniert. Und wenn das Publikum Madame Martinaud sehen will, dann verlangt es noch viel mehr danach, wenn es weiß, es ist Romy Schneider. Als man sagt ›Madame Martinaud ist eingetroffen‹, und als Lino Ventura in das andere Büro geht, da hole ich das ganze Werkzeug des Suspense raus: Ich zeige sie im Dunkeln. Als sie sich dann umdreht, wird das Licht angemacht: Das ist *show off.*« (Regisseur Claude Miller im Interview mit der französischen Filmzeitschrift *Positif*; Nr. 248, November 1981)

Claude Miller legt über die letzten Bilder seines ohne jegliche Actionszenen auskommenden Dramas abermals die wunderbar melancholische Leierkastenmusik von Georges Delerue, die den Film bereits eröffnet hat. Es ist eine Musik, leise und schmerzlich, die von verlorenen Hoffnungen erzählt. Ein Ab-

Musik von Georges Delerue

gesang auf ein vertanes Leben, das Leben der Martinauds etwa. Claude Miller hat *Das Verhör* – neben dem Psychothriller *Das Auge* (*Mortelle Randonnée*, 1982), in dem erneut Michel Serrault sowie Isabelle Adjani mitspielen, vielleicht seine wichtigste Regiearbeit – chronologisch gedreht. Ein seltener Luxus bei Dreharbeiten, der mit einem Mehr an Motivwechseln und Aufbauten verbunden ist, der aber eben auch eine lineare, stringente Inszenierung erlaubt, ohne am Set ständig zwischen verschiedensten Szenen aus Anfang, Mitte und Ende hin- und herzuwechseln, wie es sonst gemeinhin üblich ist. Das kommt zweifelsohne dem dramaturgischen Spannungsaufbau des nur zehn Stunden einer Nacht spielenden Films zugute, erzeugt eine Dichte und Intensität, ein Vibrieren, das den Zuschauer von der ersten bis zur letzten dieser 88 Minuten nicht loslässt. *Das Verhör* ist ein Meisterwerk seines Genres.

Die Spaziergängerin von Sans-Souci

(La passante du Sans-Souci) Frankreich/Deutschland 1982. Regie: Jacques Rouffio. U. a. mit Michel Piccoli, Helmut Griem, Mathieu Carrière

Jacques Rouffio Im Oktober 1981 beginnen unter der Regie von Jacques Rouffio in Berlin die Dreharbeiten zur Verfilmung von Joseph Kes*Vgl. S. 56 f.* sels 1936 verfasstem Roman *La passante du Sans-Souci*. Später wird der Dreh in Paris fortgesetzt. Es ist ein Herzensprojekt von Romy Schneider. Seit Jahren schon spricht sie immer wieder von diesem Stoff, den sie irgendwann in den siebziger Jahren gelesen hat, seitdem will sie die Figur der Elsa Wiener spielen, ein Stoff, eine Figur, die ihr nicht mehr aus dem Kopf gehen. Es muss etwas gewesen sein an dieser Elsa, von der sie sagt: »Ich hatte das Buch gelesen und wußte, daß ich ›Elsa‹ sein wollte. Die Jahre vergingen, aber Elsa hatte mich niemals ganz verlassen.« (IR, S. 330)

Sie selbst ergreift schließlich die Initiative für die Realisierung des Films und schlägt Jacques Rouffio als Regisseur vor, der auch akzeptiert. Rückblickend, zum Zeitpunkt der Uraufführung am 14. April 1982, die sie in Paris noch miterlebt, meint *Projekt selbst* sie: »Und ich war wirklich stolz: Dies war das erste Mal in *initiiert* meiner Karriere, daß ich ein Projekt initiierte.« (IR, S. 330)

Paris, 1981. Max Baumstein (Michel Piccoli) kommt am Pariser Flughafen an, wo ihn seine Frau Lina (Romy Schneider) abholt. Max gibt in Paris eine Pressekonferenz, er ist der Präsident der Hilfsorganisation »Solidarité Internationale«, die sich für die Freiheit und Menschenrechte politisch verfolgter und inhaftierter Personen etwa in Lateinamerika einsetzt. Später hat er einen Termin beim Botschafter Paraguays, Federico Lego (Mathieu Carrière), in dem er den früheren deutschen Nationalsozialisten Ruppert von Leggaert wiedererkennt. Kurzerhand erschießt er ihn, noch in dessen Büro im Botschaftsgebäude, und wird daraufhin sofort festgenommen. Ein Skandal, zunächst, der durch die Pariser Presse geht. Lina Baumstein weiß nicht, wie ihr geschieht. Sie versteht Max' Handeln nicht, weiß nicht um die Hintergründe der Tat. Die erzählt er ihr, zunächst zögerlich, als sie ihn in der Haft besuchen kann: Er hat in dem vermeintlichen Botschafter Lego den sehr alten Mörder seiner Zieheltern, Elsa (Romy Schneider) und Michel Wiener (Helmut Griem) erkannt. Ein allzu später Racheakt, für den ihm nun der Prozess gemacht wird. Und Lina sieht Elsa zum Verwechseln ähnlich. Das ist das private Geständnis, das Max nun macht.

Berlin, 1933. Elsa und Michel Wiener – sie eine bekannte Kabarettsängerin, er Verleger und Regimegegner – nehmen den zwölfjährigen Max (Wendelin Werner) bei sich auf, nachdem sie miterlebt haben, wie seine jüdischen Eltern von der SA überfallen wurden. Max' Vater wurde getötet, seine Mutter deportiert, er selbst schwer am Bein verletzt, so dass er ein Leben lang humpeln wird. Fortan sind die Wieners der Elternersatz des Jungen. Als Elsa mit Max nach Paris flieht, da hoffen sie alle, sich alsbald wiederzusehen. Doch Michel, der nachkommt, wird im Zug festgehalten, verhaftet und in ein KZ deportiert. Für Elsa Wiener beginnt eine Zeit zwischen Hoffen und Bangen und eine Zeit, in der es ums Überleben geht. Sie tritt im Kabarett »Le Rajah« auf und fin-

Das letzte Mal zusammen vor der Kamera: Romy Schneider und Michel Piccoli in *Die Spaziergängerin von Sans-Souci*

det in dem Champagnerhändler Maurice Bouillard (Gérard Klein) einen Freund und Helfer. Er ist Michel im Zug als Letzter begegnet. Einer, der alles andere als ein Freund ist, ist der junge deutsche Botschaftsrat Ruppert von Leggaert. Er umgarnt Elsa, verspricht ihr, Michel aus dem Lager zu entlassen. Dafür verbringt Elsa eine Nacht mit ihm. Als Michel schließlich in Paris mit dem Zug ankommt, Elsa bereits auf ihn wartet – so wie 50 Jahre später Lina auf Max wartet –, da werden sie von Leggaert und seinen Chargen verfolgt, bis sie schließlich auf dem Trottoir vor dem Emigrantenbistro »Sans-Souci« von ihnen erschossen werden.

Paris, 1981. Max Baumstein wird freigesprochen. Er und Lina treffen sich nach Prozessende im noch immer bestehenden Bistro »Sans-Souci«. Erst einmal einen Rotwein trinken, eine Gauloise rauchen. Unter den Bildern dieser Szene laufen die eingeblendeten Sätze, dass Lina und Max Baumstein später von Unbekannten in Paris erschossen werden – so wie einst auch Elsa und Michel Wiener. Ein Doppelschicksal. Das Schlussbild zeigt, wie beide das »Sans-Souci« verlassen und sich draußen auf dem Trottoir in die Arme nehmen, sich küssen, sich anlachen. Genau dort, wo damals Elsa und Michel erschossen wurden. Max sagt Lina noch, dass er sie liebt. Dann wird der Ton heruntergefahren. Das letzte Bild, das von Romy Schneider auf der Leinwand überhaupt zu sehen ist, zeigt sie lachend und küssend in den Armen ihres Filmpartners Michel Piccoli.

Die Dreharbeiten zu Romy Schneiders 58. und letztem Film gestalten sich äußerst schwierig. Mehrfach muss der für das Frühjahr 1981 anvisierte Drehbeginn aufgehoben und auf unbestimmte Zeit verschoben werden. Sie muss sich zunächst **Nierenoperation** am 22. Mai einer Nierenoperation im American Hospital in Neuilly unterziehen, am 5. Juli kommt ihr Sohn David auf tragische Weise ums Leben. Schließlich wird ab Oktober doch noch gedreht, nachdem Romy Schneider zuvor den Produzenten auf deutscher Seite, Artur Brauner, nach langem Schweigen angerufen und dieser ihr signalisiert hat, dass er trotz Produktionsausfall und Versicherungsrisiko gewartet habe.

Werk

Romy Schneider wohnt die ganze Zeit über in einem Berliner Hotel, das sie nur selten außerhalb der Dreharbeiten verlässt. In ihrem Zimmer stellt sie überall Bilder ihrer Liebsten auf, ihrer kleinen Familie, unter der sich mit Harry Meyen und David bereits zwei Verstorbene befinden, denen sie selbst nur wenige Monate nach Drehschluss folgen wird.

»Und dann kommt die Nachricht: Der Sohn von Romy Schneider, aufgespießt auf einem Zaun, verblutet. Etwas, was eigentlich noch nie gehört wurde. Dass ein Junge über einen Zaun klettert und *aufgespießt* wird. Also, das war … das kann man sich kaum vorstellen, was *die* Frau gelitten hat. Sie war für niemanden mehr zu sprechen, sie war weg, verschwunden. Und mein Partner, Raymond Danon (der französische Produzent etwa verschiedener Claude-Sautet-Filme), sagte: ›Wir müssen den Film absagen, und die Versicherung zahlt uns das Geld.‹ Ich sage ihm: ›Ich werde den Film nicht absagen, bevor ich nicht mit Romy spreche. Die Bauten stehen, es sind unsere Ateliers, es ist unser Risiko, Raymond, lassen Sie uns bitte noch warten.‹ [...] Kurz und gut – eines Tages ruft die Romy an, und ich höre sie, als wäre es jetzt: ›Artur, ich werde wahnsinnig, ich muss arbeiten, ich will den Film machen.‹ Ich sagte ihr: ›Romy, du sprichst mir aus dem Herzen, ich hatte eine Intuition, dass Du den Film machen willst, ich hab die Bauten stehen lassen.‹ ›Oh‹, sagte sie, ›du machst mich glücklich, das ist nur so ein Ausspruch, aber Du weißt, in welchem Zustand ich bin, ich halte das nicht durch.‹ Ich sagte: ›Romy, sag mir, wo ich dich erreichen kann‹, und da hat sie mir in Südfrankreich irgendeine Nummer gegeben, und ich habe angefangen, zu arbeiten, nochmal alles zu aktivieren.« (Produzent Artur Brauner im Interview des Bonusmaterials zur DVD *Die Spaziergängerin von Sans-Souci*; Galileo Medien, 2004)

Am Set ist Regisseur Jacques Rouffio einen Großteil der Zeit damit beschäftigt, sich um seine sehr labile Hauptdarstellerin zu kümmern. Sie spricht nicht viel, nur das Nötigste, und nur mit wenigen. Eine verstummte Romy. Der Film zeigt sie selten fröhlich lachend. Rouffio wird es später denn auch sein, der am offenen Grab von Romy Schneider die Trauerrede

hält. Die Geigensequenz im Restaurant des Pariser Hotels
»George V« etwa, die nach der ersten halben Stunde des Films
beginnt, ist der Nukleus dieses Dramas. Elsa sitzt mit ihrem
Ziehsohn Max an Weihnachten im Restaurant, ein Geigentrio
spielt auf, und einer der drei Herren fragt schließlich Elsa
nach ihrem Musikwunsch. Und Elsa bittet Max, für sie das
Lied vom Exil zu spielen – »tu mir den Gefallen, sozusagen als
Weihnachtsgeschenk« –, jenes Lied, das sich leitmotivisch
durch den Film zieht (die Musik hat Georges Delerue kom-
poniert, wie zuvor etwa auch für Andrzej Zulawskis *Nachtblende* und Claude Millers *Verhör*). Und Max spielt, direkt an
ihrem Tisch und begleitet von den zwei anderen Herren. Es
ist ein Lied voller Wehmut und Melancholie, ein Lied, in dem
all die Hoffnung und das Bangen mitschwingen. Beim Drehen dieser Sequenz bricht Romy Schneider in Tränen aus, so
wie so manches Mal bei diesen für sie psychisch und physisch
schwierigen und anstrengenden Dreharbeiten.

Lied vom Exil

Die Spaziergängerin von Sans-Souci ist auf zwei Zeitebenen
angelegt: Es ist ein Alternieren zwischen dem äußeren Zeit-
rahmen der Jetztzeit des Jahres 1981 und den vom älteren Max
erzählten Rückblenden in das Jahr 1933. Das harmoniert nicht
immer, ist nicht immer in einem Fluss. Ohnehin ist Jacques
Rouffios Inszenierung dieses oftmals zu Pathos neigenden
Liebesmelodrams vor zeithistorischer Kulisse eine konventio-
nelle und recht behäbige, die sich jegliches visuelle Experiment verbietet. Insbesondere die Sequenzen aus dem Jahr
1933 wirken kulissenhaft, als habe sich der Staub auf dem
Pappmaché abgesetzt, was der Authentizität und Glaubwürdigkeit der Erzählung Abbruch tut. Sehenswert ist der Film
vor allem durch die überzeugenden Darstellungen von Romy
Schneider und Michel Piccoli, die hier zum sechsten Mal gemeinsam vor der Kamera stehen, während Mathieu Carrière,
Helmut Griem oder Maria Schell zu bloßem Beiwerk werden.
Dennoch gibt es, neben den üblichen Verrissen, geradezu euphorische Lobeshymnen auf den Film, in denen die letzte
Leinwandpräsenz des Stars Romy Schneider über andere
Mängel, die sonst benannt worden wären, hat hinwegsehen
lassen. Ein Wohlwollen aus falsch verstandenem Respekt. Das

einer jener Kritiken entnommene Zitat, in dem ihr Spiel in der Doppelrolle Elsa / Lina als von einer »fast unerträglichen Intensität ihrer Darstellung« beschrieben wird, wird zu einer gängigen Formulierung, die fortan mit diesem Film eng verbunden ist.

> »Natürlich war unter diesen Umständen zu erwarten, daß man nun ihr künstlerisches Testament aus diesem letzten Film entziffern wollte. Doch es wäre eine Fälschung. Es wäre falsch verstandener Respekt, diese ziemlich unselige Mélange aus Nazitingeltangel und Zeitgeschichte als Bilanz einer erstaunlichen Karriere zu nehmen. […] Natürlich ist Romy Schneider auch in diesem flachen und hektisch aufgedrehten Film immer noch sehenswert, ebenso wie Michel Piccoli, ihr Lieblingspartner. Ihre reife Darstellerleistung hat kein schlechter Film – und davon hat sie so manchen gedreht – nachhaltig verhunzen können. Auch dieses Gestapo-Melodram nicht.« (Uta Gote, »Champagner für die Gestapo«; *Hannoversche Allgemeine Zeitung*, Oktober 1982)

Synchronisieren kann Romy *Die Spaziergängerin von Sans-Souci* für die deutsche Fassung nicht mehr. Lediglich in der Originalfassung ist ihre eigene Stimme zu hören. Als der Film am 22. Oktober 1982 in die deutschen Kinos kommt, im Übrigen zunächst in einer in Deutschland gekürzten Fassung von 102 Minuten, da ist seine Hauptdarstellerin bereits fünf Monate tot. *Die Spaziergängerin von Sans-Souci* ist Romy Schneiders unfreiwilliges künstlerisches Vermächtnis geworden. Oder, wie es eine französische Tageszeitung seinerzeit emphatisch formuliert: »Wir wissen, daß der Film für Romy Schneider mehr als nur ein Film ist. Für uns ist er es auch. Wir lieben Sie, Romy Schneider.« (*Jour de France*, April 1982) Romy Schneider hat ihren letzten Film im Vorspann ihrem verstorbenen Mann Harry Meyen und ihrem verstorbenen Sohn gewidmet – »für David und seinen Vater«.

Künstlerisches Vermächtnis

Wirkung

Die Unsterbliche

Es ist Sonntag, der 27. Mai 2007. Es ist der letzte Abend der 60. Internationalen Filmfestspiele von Cannes, des wichtigsten Filmfestivals der Welt. Ein Jubiläumsjahr mit Gigantismen und Superlativen. Glitter und Glamour. Kino-Mainstream einerseits, Arthouse-Filmkunst andererseits. Der krönende Abschluss gilt der Verleihung der Preise, verbunden mit der zuvor stets vieldiskutierten Frage, wer diesmal die begehrte »Palme d'Or«, die »Goldene Palme«, bekommt, die nach dem »Oscar« bedeutendste filmische Auszeichnung. In der Jury ist einer, der zu Romy Schneider eine vor allem beruflich enge Bindung hatte, mit ihr sechs Filme zwischen 1966 und 1982 gedreht hat. Es ist Michel Piccoli. Während des Galaabends sitzt er mit den übrigen Mitgliedern der Jury auf der Bühne des Festivalpalais. Für die Vergabe des Preises an die beste Darstellerin betritt ein Mann die Bühne, der zu Romy Schneider eine vor allem private enge Bindung hatte, sie 1958 kennenlernte, mit ihr mehrere Jahre bis 1963 liiert war und ihr bis zu ihrem Tod ein Freund blieb – und darüber hinaus. Es ist Alain Delon. Piccoli und Delon gemeinsam auf einer Bühne, das sind zwei der wichtigsten Menschen im Leben der Romy Schneider. Und bevor Delon den Darstellerpreis an die südkoreanische Schauspielerin Jeon Do-yeon übergibt, hebt er die Stimme und bittet das Publikum, 25 Sekunden Beifall zu klatschen für eine Schauspielerin, deren Todestag sich in zwei Tagen, am 29. Mai, zum 25. Mal jähren wird: Romy Schneider. Sofort beginnt die hier versammelte Filmprominenz aus aller Welt zu applaudieren. Und es ist ein starker Applaus, der länger als 25 Sekunden anhält. Es ist ein bewegender, singulärer Moment an diesem Galaabend in Cannes. Einer dieser Momente, in denen zu spüren ist, dass alle Anwesenden die Luft anhalten. Und

Alain Delon und Michel Piccoli in Cannes, 2007

60. Filmfestspiele Cannes 2007 – ein Plakat erinnert an die Premiere von *Boccaccio '70* im Jahr 1962

es ist, als sei sie noch da, als verneige sie sich vor der ihr Respekt zollenden versammelten Filmprominenz. An diesem Abend ist es im Festivalpalais in Cannes greifbar: Romy Schneider – sie war, sie ist, sie bleibt die Unsterbliche.

Das Grab in Boissy-sans-Avoir

Zwei Tage später, am 29. Mai 2007, ist das Grab Romy Schneiders in der kleinen beschaulichen Dorfgemeinde Boissy-sans-Avoir überhäuft mit Blumen und Pflanzen und Töpfen und Fotos und Schriftsprüchen und kleinen Steinen. Sogar ein Stück Zelluloid ist an zwei Enden eines Blumenkorbes befestigt. Die Sonne scheint, so wie zuvor schon in Cannes, einem so ganz anderen Ort als diesem. An beiden Orten jedoch wird sie auf ganz unterschiedliche Art und Weise geehrt, wird ihrer gedacht. Das Grab von Romy Schneider ist dort am hinteren Ende des sehr kleinen, überschaubaren Dorffriedhofs, eine Reihe vor der Friedhofsmauer. Und unweit der Friedhofsmauer liegt das Anwesen »Les grands prés«, das sie einst für sich, Laurent Pétin und Tochter Sarah gekauft hat. Bereits beim Betreten des Friedhofs ist das Grab aus der Ferne zu sehen. Nicht weil es das auffälligste wäre, nein, es ist vielmehr sehr schlicht gehalten, ohne Grabstein, ohne Kreuz. Unauffällig, unprätentiös. Eine flache granitgraue Grabplatte, auf der oben der Name ihres Sohnes zu lesen ist, versehen mit dem ursprünglichen Nachnamen des Vaters – *David Haubenstock, né à Berlin le 3. Déc. 66.* Darunter ihr Name, auch ihr Geburtsname – *Rosemarie Albach, 23. 9. 38-29. 5. 82.*

Die Reise zu diesem Grab nimmt sich ohne Auto nahezu wie eine Pilgerreise aus. Es gibt von Paris aus keine öffentlichen Verkehrsanbindungen zu dem knapp 50 Kilometer westlich der Metropole gelegenen Dorf. Nur ein Regionalzug hält – Richtung Versailles – in der Ortschaft Garancière, von dort geht ein Bus, ab und an, es bedarf durchaus etwas Zeit und Glück. Oder aber man geht ab Garancière mehrere Kilometer zu Fuß zu Romy Schneiders letzter Ruhestätte, vorbei an den sprichwörtlich weiten Wiesen und Feldern, vorbei an einem Wäldchen, durch ein weiteres Dorf auf einer Anhöhe, bis schließlich das rot umrahmte weiße Ortsschild am rechten

Das Grab – unauffällig, unprätentiös

Wegrand erscheint. Boissy-sans-Avoir. Eine Hauptstraße, links und rechts Häuser, dann eine Gabelung nach links, wo bereits die kleine Kirche Saint Sébastien zu sehen ist. Hier ist dieser kleine verträumte Friedhof mit seiner großen Prominenten. Hier liegt ein Weltstar begraben. Hier, gewissermaßen am Ende der Welt, hat Romy Schneider zusammen mit ihrem Sohn ihre letzte Ruhe gefunden. Als ob sie dies antizipiert hätte – je entlegener, desto besser.

Im Schatten der Mutter und doch auf eigenen Wegen: Tochter Sarah Biasini

Es ist schwer, als Kind eines Stars, eines Weltstars gar, zu bestehen, im Leben wie im Beruf. Romy Schneider ist das Kind zweier bekannter Schauspieler, und sie gibt dieses Erbe weiter,

an David zunächst, ihren verstorbenen Sohn, und an Sarah, ihre Tochter. Die am 21. Juli 1977 im südfranzösischen Gassin geborene Sarah Biasini erlebt den tragischen Tod ihrer jungen Mutter, als sie selbst nicht einmal fünf Jahre alt ist. Sie wächst fortan im Pariser Vorort St. Germain-en-Laye bei ihren Großeltern auf, den Eltern ihres Vaters Daniel Biasini. Just dort, wo sich ihr älterer Bruder tödlich verletzt hatte. Da war Sarah gerade knapp vier Jahre alt. Ihr Vater erhält zwar nach Romy Schneiders Tod das Sorgerecht, doch scheint die

Tochter Sarah Biasini

Tochter bei den Großeltern besser aufgehoben. Ab und an lässt Daniel Biasini exotische Fotoserien von seiner Tochter und sich machen, in Marokko oder am Kilimandscharo, in St. Tropez oder in Paris, und verlangt dafür Unsummen. Die meistbietenden Medien erhalten den Zuschlag, *Paris Match* etwa. In Deutschland titelt die *Bunte* Sarah einmal; »Romy nochmal« heißt es da polemisch auf der Frontseite, und Mutter und Tochter werden miteinander verglichen: »Romy ist wiedergeboren, lebt wieder – in ihrer 11jährigen Tochter Sarah.« (*Bunte*, Nr. 14, 30. März 1989) Ein Hamburger Psychologe und ein Schweizer Psychophysiognom analysieren im Auftrag des Blattes Fotos von Mutter und Tochter: »Beide sagen Sarah ein schwieriges Leben voraus – und vielleicht sogar

Bunte: »Romy nochmal«

Wirkung

ein Ende in Tragik.« Fotos von Sarah und Daniel Biasini beim harmonischen Spaghettiessen, bei Sarahs Klavierspiel oder von beiden eng umarmt in einer Gondel in Venedig begleiten die unhaltbaren Spekulationen über die Tochter. Da soll eine junge Frau einem verstorbenen Idol auf Biegen und Brechen folgen, nur weil sie dessen Tochter ist.

Heute lebt Sarah Biasini, inzwischen über 30, im Westen von Paris, unweit des Eiffelturms, im 16. Arrondissement, gemeinsam mit ihrem Lebensgefährten, dem Geschäftsmann Tristan Lecomte, lange schon. Es scheint ein stabiles Leben zu sein. Sie hat nach dem Abitur zunächst studiert, Englisch und Kunstgeschichte an der Pariser Sorbonne, schloss mit Magister ab. Dann die Zeit in New York, zwei Jahre, in denen sie am renommierten Lee Strasberg Institute Schauspielunterricht nimmt, dort, wo einst auch Marlon Brando oder Paul Newman ausgebildet wurden. Sie spielt Rollen wie jene der Irina in Tschechows *Drei Schwestern*, Strindbergs *Mademoiselle Julie* oder auch die Ophelia in Shakespeares *Hamlet*. Erst jüngst, 2004, tritt sie erstmals vor die Kamera, in dem Kurzfilm *Printemps de vie* sowie in dem historischen, im 17. Jahrhundert angesiedelten Fernsehzweiteiler *Julie – Agentin des Königs* (*Julie, chevalier de Maupin*). Weitere Fernsehrollen folgen.

Erste größere Rolle in *Julie – Agentin des Königs*

Hans Jürgen Syberbergs Dokumentarfilm *Romy – Portrait eines Gesichts*

»Die Wahrheit ist dem Menschen zumutbar«, sagte Ingeborg Bachmann einmal. Doch mit der Wahrheit ist es stets so eine Sache. Gibt es das, die einzig gültige Wahrheit? Und ist sie auszuhalten, ist sie zumutbar? Im Falle Romy Schneiders scheint es zu den verschiedensten Sachverhalten die unterschiedlichsten Wahrheiten zu geben. Auch und gerade seit ihrem Tod ist es so, dass sich posthum viele zum einzig rechtmäßigen Wahrheitsverfechter berufen fühlen – doch die Frau mit diesem so wandelbaren Gesicht war bereits zu Lebzeiten von nichts und niemandem allein wahrhaftig einzuschätzen. Der im Frühjahr 1966 an drei Tagen im österreichischen Kitzbühel entstandene Dokumentarfilm *Romy – Anatomie eines Gesichts* erzählt

Drei Tage in Kitzbühel

auch darüber viel. Es ist eine filmische Arbeit, die in ihrer spezifischen Form einzigartig ist, unwiederholbar ohnehin angesichts der heutigen medialen Willkür und Manipulierbarkeit. Der Münchner Regisseur und Autor Hans Jürgen Syberberg, Jahrgang 1935, hat ihn seinerzeit mit seinem Kameramann Kurt Lorenz gedreht. Syberberg, der filmhistorisch im weitesten Sinne in der Nähe von Werner Herzog und Alexander Kluge gesehen werden kann und damit der sogenannten

»Münchner
Schule«
»Münchner Schule« angehört, hat ein etwa 25  filmische Arbeiten umfassendes Werk geschaffen, das sowohl aus Dokumentarischem wie auch aus Fiktivem besteht (*Ludwig – Requiem für einen jungfräulichen König*, 1972; *Hitler – Ein Film aus Deutschland*, 1977). 1965 liefert er mit dem schwarzweißen Dokumentarfilm *Fritz Kortner probt Kabale und Liebe* sein Langfilm-Debüt als Regisseur, ein Jahr später dreht er abermals mit Kortner *Fritz Kortner spricht Monologe für eine Schallplatte*.

Als Hans Jürgen Syberberg Romy Schneider porträtiert, ist sie 27 Jahre alt und hat bereits 28 Filme gedreht. Gerade stand sie mit Michel Piccoli in *Schornstein Nr. 4* vor der Kamera, Ausschnitte vom Set sind in Syberbergs Film in die Gesprächspassagen montiert. Und sie ist eben aus Frankreich zurück, wird im Juli Harry Meyen heiraten, wird im Dezember Sohn David zur Welt bringen. Und noch immer träumt sie davon, wieder einmal Theater spielen zu können, in Berlin oder in Wien, nach bisher nur zwei Stücken in Frankreich. Vielleicht

Vgl. S. 61 f.
mit Fritz Kortner, in dessen Fernsehfilm *Die Sendung der Lysistrata* sie 1960 mitspielte. Syberberg hatte gerade erst einen Dokumentarfilm über die Probenarbeit des legendären Theatermannes Kortner beendet, dadurch entstand der Kontakt zu Romy Schneider. »Der Romy-Film war aus einem Prozess nach einseitiger Auflösung des Kortner-Projekts (*Fritz Kortner probt Kabale und Liebe*) hervorgegangen, als Entschädigungsauflage durch den Produzenten. Romy Schneider wollte den Film zur Propagierung eines neuen Images in Deutschland, nach *Sissi* und Frankreich, gerade mit dem Regisseur, der den Kortner-Film gemacht hatte.« (Hans Jürgen Syber-

berg über *Romy – Portrait eines Gesichts*; sämtliche Zitate: Gespräche mit dem Autor, September / Oktober 2007)
Ein Projekt also, dessen authentische Haltung und diffizile Genese bis heute exemplarisch sind, sowohl hinsichtlich der unmittelbaren, deskriptiven Darstellung eines deutschsprachigen (Welt-)Stars als auch bezüglich der nach der Postproduktion von Harry Meyen verlangten (Ein-)Schnitte, die einer sinnentstellenden Zensur gleichkommen. Doch zunächst

verlangte der Sender (Bayerischer Rundfunk) bereits eine Kürzung um 30 Minuten: »Der Film hatte ursprünglich drei Kapitel in einer Länge von 90 Minuten, entsprechend den drei Aufnahmetagen. Nach Willen des Fernsehsenders entsprechend dem Produktionsvertrag mit dem Münchner Produzenten Rob Houwer wurde der Film auf 60 Minuten von mir gekürzt. Das war der erste Eingriff. Der Rhythmus blieb dabei erhalten: Skiausflug, Regentag und Kaminszenen.« Diese geschnittenen 30 Minuten, sie fehlen heute und sind nicht mehr wiederzubeschaffen. Wahrscheinlich wäre der Film in seiner bezwingenden Wirkung noch intensiver, noch eindringlicher auch die unmittelbare Präsenz Romy Schneiders, als es ohnehin der Fall ist. Aus der *Anatomie eines Gesichts* wird auf Wunsch des Münchner Senders das *Portrait eines Gesichts* gemacht. Bereits im geänderten Titel beginnt die verharmlosende Verstümmelung. Diese wird durch die Einmischung von Romy Schneiders zukünftigem Ehemann Harry Meyen nur mehr verstärkt. »Der zweite Eingriff erfolgte nach der Abnahmevorführung, wie im Vertrag vorgesehen nun im Beisein von Harry Meyen, der 32 Änderungen verlangte und andernfalls den Film zu sperren drohte. Harry Meyen erlebte ich als destruktiven Charakter. Er wirkte unangenehm fordernd. Romy schwieg.«

Romy Schneider in Hans Jürgen Syberbergs Dokumentarfilm

32 Änderungen

Es geht hier also um zwei kontrapunktische Romy-Bilder: Da
wäre einerseits jenes der ins Exil nach Paris Gegangenen, die
mit Alain Delon zusammenlebt, mit Visconti und Welles
dreht, einige eher mäßig erfolgreiche Hollywood-Produkti-
onen absolviert und nun nach Deutschland zurückkehrt, un-
wissend, was sie hier erwartet, überfordert, suchend. Andererseits ist da weiterhin das tradierte Rollenklischee der Sissi, der
»Jungfrau vom Geiselgasteig«, die doch die Romy des deutschsprachigen Publikums ist und bleiben soll. Zwei Bilder, die
nicht miteinander einhergehen. Zwei Bilder ein und derselben Persönlichkeit. Das eine an das andere anzupassen, das
mag Harry Meyens Beweggrund gewesen sein. Ein Versuch
der Manipulation.

Vgl. S. 37 ff. Gerade ihre Zerrissenheit ist es denn auch, die so deutlich
spürbar ist, schon während der Fahrt im Sessellift hoch auf
die Skipiste, wo sie dann mit Skilehrer Karl Koller zu sehen
ist, und später, in dem längeren Gespräch am Kamin in der
Villa des Prinzen Ferdinand von Liechtenstein. Da weiß jemand nicht so recht, wohin mit sich. »Ich will nicht mehr
meine ganze Kraft und meine Nerven nur für diesen Beruf
hergeben … es ist mir nicht mehr genug … es genügt nicht
mehr. […] Ich hab' diesen krankhaften Ehrgeiz verloren …
ich … natürlich gibt es etwas anderes … mein Leben, mein
Privatleben … worüber ich wirklich bestimmt, also … vor
zwei Jahren … das heißt, nein, darüber nachgedacht, mir darüber Gedanken gemacht – *immer* eigentlich … aber das war
so momentan, und dann kam die nächste Arbeit, und dann
kam wieder die nächste Arbeit, ich hatte gar nicht viel Zeit
dazu, wollte sie wahrscheinlich auch gar nicht haben … denn
es gab eben dann damals nichts anderes … als *nur*, nur diese Arbeit, nur die Arbeit, nur den Beruf. […] Ach … ich
weiß nicht … einerseits bin ich *wirklich* dazu gemacht und
andererseits *überhaupt* nicht, überhaupt nicht.« (Sämtliche
Romy-Schneider-Zitate entstammen Syberbergs Dokumentarfilm.)
So schön und so anmutig und apart ihr fragiles Gesicht in
manchen Kameraeinstellungen hier auch wirkt, so gereift, so
erwachsen und so verletzt wirkt es urplötzlich in anderen Bil-

dern. Da spricht jemand, der schon viel aushalten musste. Oft ist Romy Schneiders Blick traurig, manchmal verzagt, manchmal sogar leer. Allein in diesen dokumentarischen Aufnahmen ist die Wandlungsfähigkeit ihres Gesichtes eine ganz frappierende. Syberberg hat hier die *Anatomie eines Gesichts,* Romys Gesichts, behutsam-gewagt festgehalten.

»Die Änderungen begannen mit der ersten Szene, als sie die Hände um die warme Kaffeekanne legte und sagte ›coffee, coffee‹, weil das dem deutschen Publikum eine ausländische Romy präsentiert hätte. Auf meinen Einwand, wie das in einem nach damaligem cinéma-vérité-Verfahren durchgedrehtem Film geschehen solle, empfahl Meyen Zwischenschnitte. Also etwas anderes, wie eine Hand oder eine Uhr, hineinzuschneiden, um das zu Meidende herauszuoperieren, was gegen das ästhetische Gewissen einer gerade schon damals gegen die Kamera-Usancen des Fernsehens durchgekämpften Wahrheit ging. Solche hier harmlos erscheinenden Eingriffe sind im Falle der direkten Aussagen vor der Kamera (Kaminszenen und Wahrheitsgarantie in den Off-Passagen) dann entscheidend über Lüge oder Wahrheit des Fernsehens und des Filmalltags. Dann war der Hauptangriff gegen sogenannte depressiv wirkende Einstellungen in den Liftfahrten auf den Berg, wo Harry Meyen Positives forderte. Bis zu neuen Bildern am Ende, die der neuen Romy dienen sollten, wie sie zum Zeitpunkt der Aufnahmen des Films jedoch nicht vorkam.«

Hans Jürgen Syberberg ist ein Außenseiter. Er entspricht in seinem filmischen Schaffen keinerlei Norm. Ein Nonkonformist. Da sprechen ein nicht ins System passender junger Autorenfilmer und eine wiederholt vor der Kamera »das sogenannte ›star system‹« (Romy spricht es just immer englisch aus) kritisierende junge Schauspielerin miteinander. Es sei ein System, das sie »hasse«. Es »langweile« sie mit »derselben lauwarmen Brühe«, in der sie immer weiter hätte schwimmen können, immer weiter historische Stoffe annehmen können, bis »ich dick und fett geworden wäre und in keine Reifröcke mehr reingepasst hätte – da bin ich ausgerissen … und … überhaupt … weg, weg … Paris«. Und eigentlich sind hier

Zwei Nonkonformisten

Dokumentarregisseur und Schauspielstar Geschwister im Geiste, sind sie zwei, die allenthalben anecken. »Romy war zwischen Theaterambitionen in Deutschland – nach Frankreich – und *Sissi*-Kontaminierung hilflos. Alles andere zeigt der Film. Außer dem Angriff auf die neu erkämpfte ästhetische Wahrheit war das – wie ich dachte – vertraute Verhältnis zu der Dargestellten zerstört.«

Hans Jürgen Syberbergs filmhistorisch wichtiger Dokumentarfilm *Romy – Portrait eines Gesichts* wird erst im September 1998, nachdem er über 30 Jahre unter Verschluss lag, erstmals wieder im Dritten Programm (BR) ausgestrahlt, und seither zeigen ihn auch andere Sender der ARD.

»Sie gefallen mir!«:
Je später der Abend ... und *Der Stargast*

Zwei Auftritte Romy Schneiders in deutschen Talkshows der frühen siebziger Jahre sind im kollektiven Bildgedächtnis haften geblieben: Am 5. Juni 1971 tritt sie beim SFB in *Der Stargast* auf, im Verlauf der Sendung kommt Ehemann Harry Meyen ebenfalls dazu. Das Gespräch wird von Henno Lohmeyer moderiert. Gut drei Jahre später, am 30. Oktober 1974, ist sie zusammen mit Bubi Scholz und Burkhard Driest in Dietmar Schönherrs WDR-Talkshow *Je später der Abend ...* eingeladen, die nun seit einiger Zeit nicht mehr wie anfangs im Dritten Programm gesendet wird, sondern in der ARD. Ein Millionenpublikum sitzt draußen vor den Bildschirmen. Die Sendungen unterscheiden sich vor allem darin, dass *Der Stargast* ausschließlich den Geladenen porträtiert, dieser wird interviewt, und zwischendurch werden Filmausschnitte eingespielt. Die Sendung ist konzentrierter, ist intimer, weniger spekulativ auch, ruhiger. Während in *Je später der Abend ...* die Gäste erst nach und nach auftreten und einer nach dem anderen in der Runde der separaten Schalensessel am Couchtisch Platz nimmt. Es hat die Anmutung eines deutschen Wohnzimmers. In beiden Talkshows jedoch ist Romy Schneider hochgradig nervös und unsicher, weiß oft nicht, wie und was antworten, wirkt verängstigt und zutiefst scheu. Da sitzt jemand, der große Angst vor Verletzungen und Angriffen hat.

(Marginalien:) Henno Lohmeyer

Dietmar Schönherr

Oft stammelt sie nur ein verhuschtes Ja oder Nein, mitunter bleibt sie völlig stumm. Dabei erscheint sie bei Henno Lohmeyer – wo es nur um sie geht, außer Ehemann Meyen niemand dabeisitzt und auch kein Studiopublikum anwesend ist – zumindest etwas gefestigter als später bei Dietmar Schönherrs geradezu legendärer und prompt in die Schlagzeilen geratender Gesprächsrunde. Obgleich auch bei Lohmeyers *Der Stargast* manchmal Momente der sichtlichen Befangenheit und Unsicherheit im weiteren Gesprächsverlauf auftreten, etwa wenn der ansonsten hier sehr behutsame Moderator die Schauspielerin nach ihrer Haltung zur seinerzeit stark thematisierten Emanzipationsbewegung etwas salopp befragt. Lohmeyer: »Sind Sie der Meinung, dass die Emanzipation der Frau im Grunde genommen abgeschlossen und durchgeführt ist, oder gibt's da noch Dinge zu tun?« – Romy Schneider: »Da gibt's sicher noch viele Dinge zu tun für die Frauen, die das absolut wollen. Aber ich finde, was mich betrifft … meine … nur meine Meinung, Frauen sollen Frauen bleiben, und damit hat sich's, so ist es richtig, so war das immer gedacht. Das hat damit nichts zu tun, dass eine Frau einen Beruf ausübt.« Später dann kommt es zu Momenten, in denen der Zuschauer kurz die Luft anhält, etwa wenn der taktvoll und vorsichtig fragende Moderator sich an den Gatten wendet: »Herr Meyen, sehen Sie Ihre Frau mehr als eine von Emotionen, von Gefühlen stark beeinflusste Frau, oder ist sie eine sehr rationelle, vom Verstand geführte Persönlichkeit?« Romy Schneider muss bei dem Wort »rationell« bereits spontan beinahe aufprusten und dann lachen, und Harry Meyen, die ganze Zeit über mit seiner Brille in den Händen spielend, bekundet überheblich insistierend vor laufender Kamera: »Überhaupt nicht – nur, nur der erste Teil Ihres Satzes gilt ausschließlich.« – »Das ist eine Frechheit«, ist die Reaktion der Beschriebenen darauf. Sie lacht dabei verlegen, und sie wehrt sich nicht weiter. Auch hier nicht. Und Meyen erwidert abwiegelnd: »Nein, nein – so ist es doch.«

Bei Dietmar Schönherrs *Je später der Abend ...* wiederum ist sie die Zweite, die nach dem Boxer Bubi Scholz und vor Burkhard Driest auftritt, und dies vor – deutschem! – Publikum.

Sie, die seit Jahren wieder in Paris lebt, gilt in den Augen dieses Publikums als die Flüchtige, die Untreue, die Landesverräterin, die Nicht-mehr-Sissi, sie, die zu dieser Zeit in solch kontroversen Filmen wie der frivolen Komödie *Das wilde Schaf* oder der makabren Groteske *Trio Infernal* spielt. Das, so mag sie sich gedacht haben, kann nicht gutgehen dort in Köln, das, was sie in Frankreich dreht, das mögen die Deutschen nicht. Mit ihr schon gar nicht. Zumal sie an Köln, wo sie einst mit Mutter Magda Schneider und Stiefvater »Daddy« Blatzheim schwierige Zeiten verbrachte, ungute Erinnerungen hat. Zum Zeitpunkt des Auftritts bei Schönherr ar

Vgl. S. 47 f. beitet sie gerade an der Côte d'Azur mit Claude Chabrol für dessen Psychothriller *Die Unschuldigen mit den schmutzigen Händen*. Als Schönherr sie danach fragt, vermag sie nicht einmal den französischen Originaltitel ins Deutsche zu übertragen (»Ich kann das sehr schlecht übersetzen.«), sodass Schönherr ihr dabei helfend zuvorkommt. Doch auch über den Film weiß Romy Schneider nichts mitzuteilen. Sie kann nicht. Sie ist völlig blockiert. Die ganze Gesprächssituation wirkt wie ein Gang über rohe Eier. Eigentlich ist sie hier, um ihr nun in Deutschland anlaufendes Kriegs- und Liebesdrama

»Romy wirkte auf mich anfangs unsicher, sodann sehr liebenswürdig, charmant und liebreizend, sodann sehr offen und solidarisch. Beim ersten Hallo war sie für mich eine berühmte Schauspielerin, dann gar nicht zickig oder exaltiert, Tendenz eher kameradschaftlich. Ich war in ihrem Bann, sie erfüllte mich aber auch mit Ratlosigkeit und Schrecken. Ich hatte schnell den Eindruck, dass sie sehr mutig war, aber auch sehr gefährdet. Es war dramatisch, und es hatte etwas Unheimliches – so wie es ja auch endete. Ich würde sagen, sie war dünnhäutig und durchlässig für Emotionen. Das machte sie mir schnell vertraut, das war mir angenehm, weil es mir ähnlich geht, wenngleich ich stets bemüht war, es nicht so offen zu präsentieren, es eher durch einen offensiven Gestus zu verdecken. Bei ihr brauchte ich das nicht, was ich entspannend fand.« (Burkhard Driest über seine Begegnung mit Romy Schneider; Gespräch mit dem Autor, Juli/September 2007)

Le Train – Nur ein Hauch von Glück zu bewerben. Doch spielt sie hierin ausgerechnet eine deutsche Jüdin, die auf der Flucht vor den Nazis ist.

Romy Schneiders Fernsehauftritt in Dietmar Schönherrs Sendung hat etwas äußerst Ambivalentes, da ist nichts inszeniert, da geriert sich kein allürenbehafteter Weltstar, nein, da sitzt vielmehr eine authentische Frau, die, solange sie so unvorstellbar unsicher und verängstigt ist, wie ein kleines hilfloses Mädchen wirkt. Angreifbar, verletzlich, ausgeliefert, allein auch: »Ich bin wirklich nervös im Moment. [...] Das ist hier nicht mein Metier – jetzt.« Es ist weit mehr als die durch ihr Lampenfieber evozierte Sprachlosigkeit und Paralyse. Es gibt Momente in dieser deutschen Fernsehsendung, in denen Romy sehr berührt und bewegt, in denen der Zuschauer nahezu fassungslos zusieht; es sind unendlich stille, eigentlich traurige Momente, in denen alles liegt. Erst später, als Burkhard Driest neben ihr sitzt, ist ihr regelrecht am Gesicht abzulesen, dass sie sich allmählich etwas fängt, etwas sicherer wird, ein wenig zumindest. Und dass der letzte Gast sie zu interessieren beginnt, dieser nach außen etwas grob wirkende Hüne in Jeans und Lederjacke, der wegen eines Banküberfalls dreiein-

Ein Satz wird zum Skandal: »Sie gefallen mir!« – Romy Schneider und Burkhard Driest in *Je später der Abend ...* am 30. Oktober 1974

halb Jahre im Gefängnis saß und nun in Reinhard Hauffs *Die Verrohung des Franz Blum* in der Rolle des Kuul mitspielt, einer Verfilmung jenes leicht autobiographischen Romans, den Driest selbst geschrieben hat, wie auch das Drehbuch zu Hauffs Film. Mit Driests Auftreten verändert sich die Sendung, verliert an Angespanntheit. Und Romy Schneider verfolgt Driests Erzählungen. Bis es zu ihrer geradezu legendären Aussage kommt, zwei kurzen Sätzen nur, geht ein Zwiegespräch zwischen Schönherr und Driest über vermeintlich Politisches voraus. Schönherr: »Als Sie damals diese Bank überfallen haben, war das eine politische Tat?« – Driest: »Das war keine politische Tat, weil sie in keinem Zusammenhang mit irgendeiner Organisation stand.« – Schönherr: »Ich meine politisch in dem Sinne, dass es als Akt …« – Driest: »Für mich ist politisch nicht, wenn jemand sagt: ›Dieses, was ich jetzt tue, nenne ich politisch.‹ Für mich ist politisch, wenn es im Kontext politischen Handelns geschieht, das heißt, wenn es zum Beispiel im Rahmen organisierten Handelns geschieht. Streik ist politisch. Die Arbeit der DKP ist politisch. Aber wenn ich persönlich jetzt beschließe, Herrn … Brandt ein Ei an den Kopf zu werfen, dann ist das nicht politisch. Sondern das ist dann … das ist dann unanständig … oder … unerzo-

»Sie gefallen mir!« gen!« – Romy Schneider: »Sie gefallen mir! Sie gefallen mir sehr!«

Tags darauf titelt die Presse, völlig aus dem Gesprächskontext gerissen, etwa »Ex-Bankräuber verdrehte dem Superstar den Kopf« oder »Millionen sahen Romy Schneiders Liebe zu

> »Nach ihrem Tod habe ich mir keine Filme mehr von ihr angesehen, mir kein Bild gemacht und keine Betrachtungen – über sie oder mich in Zusammenhang mit ihr – angestellt. Mir gefiel aber die Idee, in irgendeiner Woche nach vielen, vielen Jahren alle ihre Filme noch einmal und hintereinander zu sehen. Sie war eine geniale Schauspielerin, das größte Talent in dieser Hinsicht, dem ich je persönlich begegnet bin, und ich freue mich immer noch auf diesen Genuss unserer Wiederbegegnung.« (Burkhard Driest über seine Begegnung mit Romy Schneider; Gespräch mit dem Autor, Juli/September 2007)

einem Ex-Zuchthäusler«. Von einer »ungewöhnlichen Romanze« Romy Schneiders mit dem »irren Typ« (*Bild*) ist da die Rede, von Romys »Liebeserklärung« (*Abendzeitung*) gar. Boulevardnonsens angesichts des realen Gesprächsthemas und Verlaufs der Sendung. Im Anschluss an die Talkshow ging man gemeinsam in der Kölner Altstadt essen, danach noch in eine Diskothek. Alles andere ist Legende.

Romy Schneider heute: Projektion, Ideal, Idol

Nein, ein Vorbild, ein Idol, das zumindest sei sie nicht für sie – Romy Schneider für Katja Riemann. Das würde sie vehement ablehnen, sich davor verwahren wollen. Aber da gäbe es etwas anderes, was sie über sie sagen könne: »Ich bin in Romy Schneider verliebt. Weil sie mich rührt und anrührt und weil da irgendwas ist, was ich verstehe, wo ich irgendwie schmelze. Sie schafft es … mich so ganz komisch zu berühren. Durch ihre Wahrhaftigkeit und durch ihr absolut riskantes Spiel. Sie macht sich wahnsinnig angreifbar und verletzlich.« (Katja Riemann über Romy Schneider; sämtliche Zitate: Gespräche mit dem Autor, Oktober 2007) Und: »Fehlt da so etwas wie ein Schutzengel? Ist dieses Mädchen ohne Schutzengel zur Welt gekommen – hat man manchmal so ein bisschen das Gefühl. Da hat keiner so richtig aufgepasst, da war keiner, der gehalten hat.«

Katja Riemann, am 1. November 1963 bei Bremen geboren

Katja Riemann

> »Was ich vielleicht versucht habe zu studieren, ist, dass ich immer ganz klar erkennen kann, was sie spielt. Ich seh' das immer. Da ist die ganze Komplexität eines Charakters – und dahinter gucke ich sie an, und ich weiß genau, was sie denkt, was sie meint, was sie fühlt. Was ich toll finde, ist, dass sie es schafft, Szenen zu spielen, in denen sie strahlt, in denen sie lächelt und etwas anderes erzählt. Dass sie unglaublich lebendig ist: Sie spielt nie eine Befindlichkeit, eine Betroffenheit. Sie hat immer die ganze Komplexität einer Figur, da schwingt immer das ganze Leben mit, der ganze Sack von Leben.« (Katja Riemann über Romy Schneider; Gespräch mit dem Autor, Oktober 2007)

und Mutter von Tochter Paula (Jahrgang 1993), die mit Zweit-namen Romy heißt, lebt heute in Berlin und zählt zu den er-folgreichsten und bekanntesten deutschsprachigen Schau-spielerinnen. Sie spielt, seit sie 20 ist, sowohl in Kino- und Fernsehfilmen als auch auf der Theaterbühne, und sie singt, eigene Lieder und die anderer. Sie tritt mit dem »Katja Rie-mann Oktett« auf, tourt durch die Städte und singt Jazz-Stü-cke. Ein ganzes Album von ihr ist *Nachtblende* (2000) betitelt; allein dies ist Hommage genug, für jeden zumindest, dem der Romy-Schneider-Titel geläufig ist. Doch, mehr noch, Katja Riemann hat einen der Songs Romy Schneider gewidmet und den Text über sie auch selbst verfasst. *Carpe diem* heißt das melancholische Stück. Eine gesungene Reminiszenz.

Ein ganz anderes Album des Oktetts ist *Favourites* (2003) überschrieben. Auch darin findet sich eine Hommage an Ro-my Schneider, eine vielleicht noch viel explizitere, eine auch umso gewagtere. Denn Katja Riemann interpretiert darin das ursprünglich von Romy Schneider und Michel Piccoli für Claude Sautets *Les choses de la vie* selbst eingesungene und eingesprochene *Chanson d'Hélène* neu. Mit Flügel und Dobro, mit Kontrabass und Schlagzeug, mit Trompete und Cello wird hier ein legendäres Chanson neu eingefärbt, jazzig bei-nahe, und alles ist in sich stimmig. Katja Riemann singt den Part von Romy Schneider, Michael Wenninger spricht die Sätze Michel Piccolis ein.

Über ihre ureigene, erste, indirekte Begegnung mit Romy Schneider sagt Katja Riemann, die *Nachtblende*, *Die Dinge des Lebens* und *César und Rosalie* denn auch ihre Romy-Lieblings-filme nennt: »Ich weiß gar nicht mehr genau, wann der Punkt war, als ich sagte: ›Romy Schneider ist für mich und meine Schauspielerei wichtig.‹ Ich bin in den sechziger Jahren groß geworden, und *Sissi* lief rauf und runter. Oder *Katja – die un-gekrönte Kaiserin*, nun hieß ich auch noch so. Sie war natür-lich immer sehr präsent. Für uns alle wahrscheinlich.« Und wenn sie selbst, mit den Augen der Schauspielerin, die Arbeit dieser Schauspielkollegin betrachtet, sagt sie: »Die ist ein Na-turtalent. Die musste all diese Dinge, die wir lernen mussten, vielleicht nicht lernen. Möglicherweise hat sie sie anders gelernt, weil sie so jung angefangen hat und weil sie bestimmt *ganz* genau geguckt hat bei den anderen – die hat ganz genau zugesehen, wie die Leute was machen. Das ist bestimmt auch ganz viel Instinkt, aber es ist auch ganz viel Zugucken und Abgucken und Sprechen und so weiter …«

Auch das kennt Katja Riemann: Ein Star wird in Deutschland erst aufgebaut, um sodann alsbald wieder demontiert zu werden. Das ist in Frankreich, Romys langjähriger Wahlheimat, anders. Dort schützt man seine Künstler, blickt mit Stolz auf sie. Als Romy Schneider Deutschland verließ und nach Frankreich ging, um dort bei Alain Delon zu sein, da nannte man sie in ihrer Heimat »Franzosenflittchen« und »Vaterlandsverräterin«. Die deutsche Sicht auf heimische Stars scheint sich in den Zeiten von Romy Schneider bis zu Katja Riemann wenig verändert zu haben.

Was bleibt von einem solchen zum Mythos gewordenen Star? Was bleibt von der singulären Schauspielerin Romy Schneider? Zunächst und vor allem sind da ihre Filme, in denen sie weiterlebt. Es sind Filme, die für sich stehen – und für sie. Zu jedem halbwegs runden Jahrestag ihres Geburtstages im September und ihres Todestages im Mai erscheinen immer wieder Neuauflagen diverser Bild- und Fotobände, wird sie in den großen Tageszeitungen und Zeitschriften abermals kritisch beleuchtet oder polemisch verzerrt, werden einige ihrer Filme im Fernsehen in Romy-Schneider-Reihen gezeigt und werden diese Filme in stets immer wieder aufs Neue variierten DVD-Editionen auf den Markt gebracht – allein von der *Sissi*-Trilogie gibt es diverse Ausgaben, von der einfachen bis hin zur »Edel-de-Luxe«-Variante im königlich roten Kunstsamtschuber. Romy Schneider, das ist auch heute noch ein scheinbar unerschöpflicher medialer Marktwert mit einer nicht enden wollenden Verwertungskette.

Verewigt auf einer Briefmarke aus dem Jahr 2000

Deutschland
Für die Wohlfahrtspflege
Romy Schneider
1938 – 1982
110
+50

Vermarktung

Es wird ihrer heute auf denkbar mannigfaltige Weise gedacht, auch losgelöst von ihrer unmittelbaren Person, von ihrem Werk. So wird etwa der »Prix Romy Schneider« seit 1984 alljährlich in Paris verliehen, eine Auszeichnung für Nachwuchsdarstellerinnen, unter deren Preisträgerinnen sich französische Schauspielerinnen wie etwa Juliette Binoche, Sandrine Kiberlain oder Cécile de France befinden.

Im Jahr 2000 wurde eine Briefmarke für die Wohlfahrtspflege mit ihrem Konterfei entworfen; auf ihren Namen lautet ein täglich fahrender InterCity zwischen Wien und Villach; ihr Vorname ziert die Kokosschokolade eines deutschen Süßwarenherstellers; und in einem Münchner Szenecafé ist gar auch ein Kuchen nach ihr benannt.

Ein täglich fahrender InterCity namens »Romy Schneider«

Die Fans und Liebhaber der Schauspielerin pflegen die Erinnerung an ihr Idol mittels verschiedenster virtueller Gedenkbücher und Archiv-Seiten im Internet, von der offiziellen Romy-Archiv-Webseite bis hin zum privaten Gedenkbuch ist im weltweiten Netz alles vertreten. In den Gedenkbüchern sind es mitunter auch Jugendliche, 13-Jährige schon, die von ihrem Vorbild Romy sprechen, die über sie schreiben oder aber, und dies überwiegend, auch in direkter Anrede *an* sie. Dabei gehört es zu dem Phänomen Romy Schneider, dass ihre Verehrung generationenübergreifend ist, dass es sowohl ältere Menschen sind, die mit dem Star groß geworden sind, als auch jüngere, die sich mit ihrer Person, mit ihrer Kunst, mit ihrer Haltung neu und vorurteilsfrei identifizieren. Die Verehrung scheint zeitlos.

Auktion in Bayreuth, 1994

Eine Fundgrube im wahrsten Sinne des Wortes war eine Auktion, die im April 1994 in Bayreuth stattfand und auf der insgesamt 42 Sammlerstücke durch das Auktionshaus Boltz versteigert wurden. Es waren Hüte und Mützen, Schals und Halstücher, Taschen und Gürtel, Morgenmäntel und Röcke, Kleider und Kostüme, darunter auch Modelle von Coco Chanel. Auch ein mit den Initialen »R.S.« versehener Reisekoffer fand einen neuen, freudigen Besitzer. Die Stücke stammten aus dem privaten Fundus der Münchner Freundin Hermi Steckel, die Romy seinerzeit als Regieassistentin kennengelernt hatte. Medienrummel und Publikumsandrang waren beträchtlich, und die Gegenstände wurden deutlich teurer versteigert als erwartet. Der Auktionator mutmaßte, dass für so manchen der Käufer die Sammlerstücke alsbald zu Reliquien werden. »Es ist, als stünde Romy neben einem«, sagte ergriffen eine Frau auf der Auktion.

Andere Reliquien des Mythos Romy Schneider wiederum wurden im Herbst 1998 zu Romys 60. Geburtstag in der Ausstellung »Mythos Romy Schneider« zunächst im Filmmuseum Potsdam, danach in Hamburg präsentiert. Im darauffolgenden Frühjahr 1999 wurde unabhängig davon im Deutschen Filmmuseum in Frankfurt/M. parallel zu einer Filmreihe eine weitere große Ausstellung ausgerichtet. Die einzelnen Lebens- und Karriereabschnitte wurden dokumentiert, mit etwa 500 Fotografien, 50 Filmplakaten, Tagebuchauszügen, Briefen, Fanartikeln, Filmrequisiten und Devotionalien. Das Negligé aus *Katja – die ungekrönte Kaiserin* war zu betrachten, ebenso das strenge graue Kleid aus *Mädchen in Uniform* oder das opulente schwarze Kostüm, das Romy in Viscontis *Ludwig II.* trägt. Das Kostüm befindet sich sonst im Palazzo Pitti in Florenz. Die privaten Leihgeber der nicht nur ideell kostbaren Stücke wollten im Übrigen interessanterweise anonym bleiben.

Im Herbst 2003 fand in Boston ein Romy-Schneider-Programm mit Filmvorführungen, Seminaren, Podiumsdiskussionen statt, ausgerichtet vom Harvard Film Archive und dem Goethe-Institut. Kurioser und gesellschaftlicher Höhepunkt war der Bostoner *Sissi*-Ball im November, auf dem sich die Gäste in Gewändern jener Zeit tummelten und es einen Wettbewerb um die Romy Schneider ähnlichste Teilnehmerin gab.

Die französische Filmzeitschrift *Studio Magazine* widmete Romy Schneider anlässlich ihres 25. Todestages ihre Mai-Ausgabe mit Cover und Titelgeschichte. Unter dem Titel »Inoubliable Romy Schneider« wurde nach einem Porträt-Feature eine Umfrage unter zwölf jungen französischen Schauspielerinnen durchgeführt, die Auskunft über die Verstorbene gaben. Von Virginie Ledoyen über Bond-Girl Eva Green und Isabelle Carré bis hin zu Diane Krüger und Cécile de France – sie alle schwärmten von ihr, von ihrer Schönheit, ihrem Blick, ihrer Emotionalität, ihrer Würde, ihrer Stärke, ihrer Fragilität, von ihrem Mysterium.

Im 75. Jubiläumsjahr der englischsprachigen Filmzeitschrift *Sight & Sound* wurde im August-Heft 2007 Helmut Käutners *Monpti* mit Romy Schneider und Horst Buchholz als einer von 75 zu Unrecht vergessenen Filmen gewürdigt und als modernistische, zärtlich-traurige Boy-meets-girl-Story gesehen.

In Paris lief von Juni bis September 2007 unter dem Titel »Portraits de femmes« eine umfassende Romy-Schneider-Retrospektive aller Filme im Kino »Le Champo« im Studentenviertel Quartier Latin, wo selbst in mehrfacher Wiederholung die einmalige Möglichkeit geboten wurde, sich das Werk der Schauspielerin vollständig auf der Leinwand zu vergegenwärtigen. In Deutschland steht eine Retrospektive in dieser Form freilich noch aus.

Auch auf Leinwand und Bildschirm lebt Romy weiter, nicht nur in ihren eigenen Filmen: Der Münchner Regisseur und Komödiant Michael »Bully« Herbig entwickelte den 3-D-Animationsfilm *Lissi und der wilde Kaiser*, eine Heimatfilmparodie, die am 25. Oktober 2007 in den deutschen Kinos startete und vom Verleih flächendeckend beworben wurde. Lissi lächelt einem allenthalben von Plakatwänden entgegen. Und nach dem Jahr des 25. Todestags in 2007 sind für das **Filmprojekte** darauffolgende des 70. Geburtstags gleich mehrere Filmpro-

> »Romy Schneiders tragisch-schönes Leben etwa ist solch ein Stoff, der sich perfekt eignet, weil er viel über das Deutschland der Aufbaujahre nach dem Krieg und das damalige Frauenbild erzählt. Überhaupt, Romy: umschwirrt, gefragt und begehrt, auch oder gerade 25 Jahre nach ihrem Tod. Um keine andere Lebensgeschichte gab es ein größeres Gerangel. [...] Es bewarben sich zuletzt gleich drei Teams um die Gunst, unser aller Sissi auf den Bildschirm bringen zu dürfen.« (Katharina Zeckau, »Im Leben der anderen«; *Rheinischer Merkur*, Nr. 34, 23. August 2007)

jekte angekündigt, deutsche wie ausländische, Kinofilme, Fernsehfilme und Dokumentarfilme. Diverse Produzenten geben Presseerklärungen heraus, in denen sie irgendeinen Romy-Stoff als von ihnen optioniert deklarieren, nur um die Konkurrenz nicht fürchten zu müssen. Die Berliner Ufa ist an einem Romy-Stoff dran, ebenso die Berliner Phoenix Film, und auch das deutsch-französische Produzentengespann Douglas Welbat und Raymond Danon – Letzterer produzierte einst einige der Sautet-Filme mit Romy Schneider – kündigt eine Verfilmung ihrer Vita an. Ihnen allen geht es um *das* Romy-Biopic, um diese exemplarische Geschichte, die »bigger than life« ist, die auch für eine Zeitperiode steht, welche sich zugleich in der individuellen Biographie spiegelt.

Wer nur soll all diese vielen Romys spielen? Nicht angefragte Schauspielerinnen geben Auskunft, sie wollen unbedingt Romy sein, andere wiederum, sie wollten und sie könnten sie gar nicht darstellen, das ginge nun einmal einfach nicht. Marie Bäumer etwa wird in schöner Regelmäßigkeit als mögliche Romy-Interpretin ob ihrer physiognomischen Ähnlichkeit angeführt, doch sagt sie selbst, dass sie diese Rolle wahrscheinlich nicht spielen will. Neben all den filmischen Projekten ist schließlich zum 70. Geburtstag auch eine Romy-Schneider-Ausstellung in der Deutschen Kinemathek in Berlin sowie in Wien angekündigt. So dürfte es denn immer weitergehen, in dem fünfjährlichen Turnus der beiden Jahrestage der Romy Schneider.

Wer nur soll Romy spielen?

Bunte 1982
Paris Match 1986

»Ich kann nichts im Leben – aber alles auf der Leinwand«, hat sie einmal gesagt. Ein vielzitierter Satz. Ein nahezu paradigmatisch gewordener Ausspruch. Ein Satz voller Projektionsmöglichkeiten auch. Jedoch: Ihre bis heute anhaltende Wirkung über Generationen hinweg widerlegt sie, erfreulicherweise. Die Menschen nehmen nicht nur die Frau auf der Leinwand wahr, sondern sie blicken auch respektvoll auf ihr so reiches Leben.

Romy Schneider – sie muss auch im Leben ganz schön was gekonnt haben.

Anhang

Zeittafel

1938 23. September: Rosemarie Magdalena Albach wird in Wien geboren. Sie ist das erste Kind des seit dem 11. Mai 1937 verheirateten Schauspielerpaares Magda Schneider und Wolf Albach-Retty. – Oktober: Die Familie zieht von Wien nach Schönau bei Berchtesgaden um. Dort wächst Romy bei ihren Großeltern Maria und Franz Xaver Schneider im Landhaus »Mariengrund« auf.

1941 21. Juni: Geburt des Bruders Wolf-Dieter, genannt Wolfi.

1943 Romys Eltern trennen sich. Wolf Albach-Retty lebt mit der Schauspielerkollegin Trude Marlen zusammen.

1944 September: Einschulung in Berchtesgaden.

1945 Scheidung von Magda Schneider und Wolf Albach-Retty.

1948 Romy kommt auf ein Mädchenpensionat in Gmunden bei Bad Ischl.

1949 Juli: Wechsel auf das Internat Schloss Goldenstein bei Salzburg. Dort bleibt sie bis Juli 1953.

1953 September: Dreharbeiten zu Romys Schauspieldebüt *Wenn der weiße Flieder wieder blüht* in Wiesbaden, München und Berlin. Sie wird in den Titeln noch als Romy Schneider-Albach geführt. – Heirat Magda Schneiders mit dem Kölner Geschäftsmann und Gastronomen Hans-Herbert »Daddy« Blatzheim. – In *Feuerwerk* spielt sie an der Seite von Lilli Palmer. Sie wird nun Romy Schneider genannt.

1954 Romy spielt in *Mädchenjahre einer Königin* erstmals unter der Regie von Ernst Marischka.

1955 Ein entscheidendes Jahr in Romy Schneiders Leben: *Die Deutschmeister. – Der letzte Mann.* – Erneute Zusammenarbeit mit dem Regisseur Ernst Marischka für den ersten der drei *Sissi*-Filme. *Sissi* wird ihr Leben für immer verändern und prägen. – Erster Kurzbesuch mit Magda Schneider in Paris.

1956 Die Fortsetzung *Sissi, die junge Kaiserin* wird im Frühjahr gedreht. – *Kitty und die große Welt.* – *Robinson soll nicht* *sterben* zusammen mit Horst Buchholz. – Romy Schneider ist erstmals auf dem Titel des *Spiegel*: »Die Jungfrau von Geiselgasteig« (Nr. 10, 7. März 1956).

1957 Februar-März: Reise mit Mutter Magda Schneider und »Daddy« Blatzheim nach Indien und Ceylon. – Helmut Käutners *Monpti* bringt Romy und »Hotte« im Frühjahr erneut zusammen. – Im Sommer spielt sie in *Schicksalsjahre einer Kaiserin* zum dritten und letzten Mal die Rolle der Sissi. – Dreharbeiten zu *Scampolo* auf Ischia. Schon jetzt dreht Romy Schneider im Schnitt drei Filme im Jahr.

1958 Januar-Februar: Reise mit Magda Schneider in die USA. – Im Remake von *Mädchen in Uniform* spielt Romy Schneider erneut mit Lilli Palmer. – Erste Begegnung mit Alain Delon: Gemeinsam drehen sie in Paris und Wien *Christine*, das Remake des Max-Ophüls-Klassikers *Liebelei* (1933). – *Die Halbzarte*.

1959 Romy Schneider zieht nach Paris, sie und Alain Delon sind ein Paar. 22. März: Verlobung mit Delon in Morcote am Luganer See. – *Ein Engel auf Erden*. – *Die schöne Lügnerin*. – *Katja – die ungekrönte Kaiserin*. – Besuch bei Alain Delon am Set von *Nur die Sonne war Zeuge*, in dem sie einen Kurzauftritt hat.

1960 Dreharbeiten in Deutschland zu Fritz Kortners *Die Sendung der Lysistrata*, Romy Schneiders einzigem Fernsehfilm. – Vorläufiger Abschied von Deutschland. – Erste Begegnung mit Luchino Visconti in Italien.

1961 März: Blinddarmoperation. – 29. März: Premiere des Stückes *Schade, daß sie eine Dirne ist* am Théâtre de Paris. Romy Schneider und Alain Delon stehen in Viscontis Inszenierung gemeinsam auf der Bühne. – Im Sommer dreht Visconti mit Romy in der Hauptrolle die Episode *Der Job* in dem Gruppenfilm *Boccaccio '70*, bei dem Federico Fellini und Vittorio de Sica die Regie der anderen Episoden führen. – November: *Der Kampf auf der Insel*.

1962 Januar-Mai: Theatertournee durch die französische Provinz sowie verschiedene Länder mit Tschechows *Die Möwe* in der Inszenierung von Sacha Pitoëff. – März: Dreharbeiten zur Kafka-Verfilmung *Der Prozeß* von und mit Orson

Welles. – *Die Sieger*. – Romy Schneider dreht mehrere Filme für die Columbia.

1963 Dreharbeiten zu Otto Premingers *Der Kardinal* in Wien, dort auch Wiedersehen mit den Eltern. – Sie zieht in die USA, mietet sich in Hollywood, in Beverly Hills, ein Haus. – *Leih mir deinen Mann* mit Jack Lemmon. – Dezember: Trennung von Alain Delon.

1964 Frühjahr: Dreharbeiten zu Henri-Georges Clouzots *Die Hölle*. Durch einen Herzinfarkt Clouzots muss der Dreh abgebrochen werden, der Film bleibt unvollendet. – *Was gibt's Neues, Pussy?*

1965 Vorläufige Rückkehr nach Deutschland. – 2. April: Erste Begegnung mit dem Schauspieler und Theaterregisseur Harry Meyen (bürgerlicher Name: Harry Haubenstock) bei der Eröffnung mehrerer Blatzheim-Restaurants im Europa-Center in Berlin. – Herbst: Dreharbeiten in Spanien zu *Halb elf in einer Sommernacht* unter der Regie von Jules Dassin.

1966 März-Mai: Dreharbeiten zu *Schornstein Nr. 4* im Ruhrgebiet. Erstmals steht sie hier mit Michel Piccoli vor der Kamera, fünf weitere gemeinsame Filme, darunter drei von Claude Sautet, sollen folgen. – Hans Jürgen Syberberg dreht in Kitzbühel den Dokumentarfilm *Romy – Portrait eines Gesichts* für den Bayerischen Rundfunk. – 15. Juli: Während der Dreharbeiten zu *Spion zwischen zwei Fronten* Heirat von Romy Schneider und Harry Meyen in Saint-Jean Cap Ferrat bei Nizza. Sie beziehen eine Wohnung in Berlin-Grunewald. – 3. Dezember: Geburt des Sohnes David-Christopher Haubenstock in Berlin. Rückzug ins Privatleben, sie dreht anderthalb Jahre nicht mehr.

1967 21. Februar: Tod des Vaters: Wolf Albach-Retty (geboren am 28. Mai 1906 in Wien) stirbt im Alter von 60 Jahren in Wien an einem Herzinfarkt.

1968 Mai: Tod des Stiefvaters Hans-Herbert »Daddy« Blatzheim. – Rückkehr zum Film zunächst mit *Otley*, den Romy im Frühjahr in London dreht. – August-September: Für die Dreharbeiten zu *Der Swimmingpool* in Ramatuelle bei St. Tropez stehen Romy Schneider und Alain Delon gemeinsam vor der Kamera. Die Presse überschlägt sich mit Spekulationen, ob sie wieder ein Paar sind.

1969 31. Januar 1969: Premiere von *Der Swimmingpool* in Paris, der Film wird ein Erfolg, eine Art Comeback für Romy Schneider. – Frühjahr: Dreharbeiten zu *Inzest* in London. – Erste Begegnung mit Claude Sautet. Juni-August: Dreharbeiten zu *Die Dinge des Lebens* in Paris und Umgebung sowie in La Rochelle.

1970 März: Premiere von *Die Dinge des Lebens* in Paris. Ihre erste von insgesamt fünf Zusammenarbeiten mit Claude Sautet soll zu einer ihrer wichtigsten und erfolgreichsten überhaupt werden. – Romy Schneider dreht nonstop: *Die Geliebte des anderen. – Bloomfield. – La Califfa. – Das Mädchen und der Kommissar*, erneut mit Michel Piccoli unter Sautets Regie.

1971 *Das Mädchen und der Mörder. – Die Ermordung Trotzkis*, mit Alain Delon. – 5. Juni: Auftritt mit Harry Meyen in Henno Lohmeyers Talkshow *Der Stargast* (SFB). – Juni: Die Debatte um § 218: Romy Schneider und andere prominente Frauen werden auf der *Stern*-Titelseite unter der Heftüberschrift »Wir haben abgetrieben!« abgebildet.

1972 Erneute Zusammenarbeit mit Luchino Visconti bei *Ludwig II. – César und Rosalie.*

1973 *Le Train – Nur ein Hauch von Glück. – Sommerliebelei. – Das wilde Schaf. – Trio Infernal.* – Romy Schneider und Harry Meyen trennen sich, sie geht wieder nach Paris, Meyen bleibt in Hamburg. 4. Juni: Beschluss einer Gütertrennung, Harry Meyen erhält circa 1,4 Millionen Mark.

1974 *Nachtblende. – Die Unschuldigen mit den schmutzigen Händen.* – Daniel Biasini wird Romys Privatsekretär. – 30. Oktober: Auftritt in Dietmar Schönherrs WDR-Talkshow *Je später der Abend…* in Köln. Pressewirbel um ihre Äußerungen zu Burkhard Driest.

1975 *Das alte Gewehr* (alternativ: *Abschied in der Nacht*). – Juli: Scheidung von Harry Meyen. – Romy Schneider und der neun Jahre jüngere Daniel Biasini werden ein Paar, sie ist schwanger. – 18. Dezember: Heirat mit Daniel Biasini in Berlin.

1976 Januar: Romy Schneider erleidet eine Fehlgeburt.

– 3. April: Sie wird mit dem »César« für ihre Darstellung in *Nachtblende* und *Das alte Gewehr* ausgezeichnet. – *Die Frau am Fenster*. – *Mado*. – Dreharbeiten zur Heinrich-Böll-Verfilmung *Gruppenbild mit Dame*, ihrem ersten deutschen Film seit Jahren. – 12. Dezember: Begegnung mit Heinrich Böll in dessen Haus in Köln.

1977 24. Juni: Romy Schneider wird für ihre Darstellung in *Gruppenbild mit Dame* mit dem »Deutschen Filmpreis in Gold« ausgezeichnet. – 21. Juli: Geburt der Tochter Sarah Magdalena in Gassin bei St. Tropez.

1978 *Eine einfache Geschichte* ist die fünfte und letzte Arbeit von Claude Sautet mit Romy Schneider. – *Blutspur*.

1979 3. Februar: Romy Schneider erhält in Paris zum zweiten Mal den »César«, diesmal für ihre Rolle in *Eine einfache Geschichte*. – Frühjahr: Dreharbeiten zu *Die Liebe einer Frau* von Costa-Gavras. – 15. April: Harry Meyen erhängt sich mit 54 Jahren in seinem Hamburger Wohnhaus. – *Der gekaufte Tod*.

1980 *Die Bankiersfrau*. – *Die zwei Gesichter einer Frau*. Während der Dreharbeiten in Italien lernt Romy Schneider den zehn Jahre jüngeren Produktionsleiter Laurent Pétin kennen, mit dem sie bis zu ihrem Tod zusammenbleibt. – 26. August: Romys Großmutter Rosa Albach-Retty stirbt in Wien im biblischen Alter von 105 Jahren.

1981 Frühjahr: Dreharbeiten zu Claude Millers *Das Verhör*. – Scheidung von Daniel Biasini. – Beginn der Dreharbeiten zu Romy Schneiders letztem Film *Die Spaziergängerin von Sans-Souci*. – Mai: Abbruch der Dreharbeiten. Nierenoperation. – 5. Juli: Sohn David verunglückt im Alter von 14 Jahren tödlich beim Überklettern des Gartenzaunes von Biasinis Elternhaus im Pariser Vorort Saint-Germain-en-Laye, wo er zunächst auch beerdigt wird. – Oktober: Wiederaufnahme der Dreharbeiten in Berlin, Drehschluss im Dezember.

1982 Magda Schneider heiratet ihren dritten Ehemann, Horst Fehlhaber. – 14. April: Premiere von *Die Spaziergängerin von Sans-Souci* in Paris. – Neues Filmprojekt mit Alain Delon: *L'un contre l'autre*. – 29. Mai: Romy Schneider stirbt im Alter von 43 Jahren am Pfingstsamstag um fünf Uhr früh in ihrer Pariser Wohnung an Herzversagen. – 2. Juni: Beerdi-

gung auf dem Friedhof von Boissy-sans-Avoir, knapp 50 Kilometer westlich von Paris.

1996 30. Juli: Magda Schneider – geboren am 17. Mai 1909
in Augsburg – stirbt im Alter von 87 Jahren in Berchtesgaden,
wo sie auf dem Bergfriedhof beerdigt wird.

Bibliographie

Sigle

IR Seydel, Renate (Hrsg.): *Ich, Romy. Tagebuch eines Lebens.* München 1988.

Deutschsprachige und ins Deutsche übertragene Literatur über Romy Schneider

Amos, Robert: *Mythos Romy Schneider. Ich verleihe mich zum Träumen.* München 1999.

Arnould, Françoise / Gerber, Françoise: *Romy Schneider.* Bergisch Gladbach 1988.

Benichou, Pierre J.-B. / Pommier, Sylviane: *Romy Schneider. Ihre Filme – ihr Leben.* München 1981.

Biasini, Daniel: *Meine Romy.* Aufgezeichnet von Marco Schenz. München 1998.

Botti, Giancarlo: *Romy – C'est la vie. Bilder aus den Pariser Jahren.* München 1992.

Dahse, Bettina: *Romy. »Ich hätte Ihnen so gern noch was gesagt …«* Hamburg 2002.

Deutsches Filmmuseum (Hrsg.): *Romy Schneider.* Ausstellung / Filmreihe. Broschüre. Frankfurt / M. 1999.

Earbooks (Hrsg.): *Romy. Ich werde nie halbe Sachen machen.* Hamburg 2007.

Giordano, Isabelle: *Romy Schneider. Das private Album.* Berlin 2006.

Hembus, Joe (Hrsg.): *Romy Schneider und ihre Filme.* München 1980.

Jürgs, Michael: *Der Fall Romy Schneider.* München 1991.

Knef, Hildegard: *Romy. Betrachtung eines Lebensweges.* München 1983.

Kneidl, Helga: *Romy. Drei Tage im Mai.* Berlin 2001.

Lebeck, Robert: *Romy Schneider. Letzte Bilder eines Mythos.* Zürich 1986.

Marischka, Ernst: *Sissi. Ein Filmroman.* Hamburg 1960.

McBride, Will: *Romy. Fotografische Erinnerungen – Paris 1964.* München 2002.

N.N.: *Romy Schneider. Portraits und Filmstills 1954-1981.* Mit einem Text von Hanna Schygulla. München 1988 / 1998.

Petzel, Michael (Hrsg.): *Romy Schneider. Das große Album. Fotografien von 1952 bis 1959.* Berlin 2004.

Prechtel, Adrian: *Romy*. München 2007.

Riess, Curt: *Romy Schneider*. Rastatt 1990.

Schwarzer, Alice: *Romy Schneider. Mythos und Leben*. Köln 1998.

Sembach, Klaus-Jürgen: *Adieu Romy. Photographische Erinnerungen an Romy Schneider*. München 2002.

Sereny, Eva: *Romy in Rom. Zärtliche Blicke*. München 1998.

Seydel, Renate (Hrsg.): *Romy Schneider. Ein Leben in Bildern*. Berlin 1987.

Steenfatt, Margret: *Eine gemachte Frau*. Hamburg 1991.

Steinbauer, Marie Louise: *Die andere Romy. Momentaufnahmen*. München 1999.

Thiele, Johannes: *Romy. Ihre Filme. Ihr Leben. Ihre Seele*. Wien 2007.

Vaszary, Gabor von: *Romy*. Hamburg 1957.

Weitere deutschsprachige Sekundärliteratur

Beyer, Friedemann: *Karlheinz Böhm. Seine Filme – sein Leben*. München 1992.

Blum, Heiko R.: *Michel Piccoli. Seine Filme – sein Leben*. München 1993.

Cornelsen, Peter: *Helmut Käutner. Seine Filme – sein Leben*. München 1980.

Französische Filmtage Tübingen–Stuttgart (Hrsg.): *Die Einzigartigkeit des Menschen – Claude Sautet (1924-2000) in einem seiner letzten Gespräche*. Von Thilo Wydra. Katalog. Tübingen 2004.

Jansen, Peter W./Schütte, Wolfram (Hrsg.): *Claude Chabrol*. München 1975/1986.

Jansen, Peter W./Schütte, Wolfram (Hrsg.): *Joseph Losey*. München 1977.

Jansen, Peter W./Schütte, Wolfram (Hrsg.): *Luchino Visconti*. München 1985.

Jansen, Peter W./Schütte, Wolfram (Hrsg.): *Orson Welles*. München 1977.

Marischka, Franz: *»Immer nur lächeln«*. Wien 2001.

Museum Wiesbaden / Knop, Matthias / Schleicher, Harald (Hrsg.): *Rote Rosen und weißer Flieder. Die Blütezeit der Filmstadt Wiesbaden*. Ausstellung / Filmreihe. Katalog. Wiesbaden 1995.

Rémond, Alain: *Yves Montand. Seine Filme – sein Leben*. München 1982.

Seidl, Claudius: *Der deutsche Film der fünfziger Jahre*. München 1987.

Stiftung Deutsche Kinemathek (Hrsg.): *Hommage – Alain Delon.* Berlin 1995.
Struckmeyer, Bernhard (Hrsg.): *»Kinder, wie die Zeit vergeht …«* München 2003.
Unterreiner, Katrin: *Sisi. Mythos und Wahrheit.* Wien 2005.
Zondergeld, Rein A.: *Alain Delon. Der eiskalte Engel.* München 1984/1995.

Weitere zitierte Literatur
Franz Kafka: *Der Prozeß.* Frankfurt/M. 1986.

Französischsprachige Literatur über Romy Schneider
Bloch-Dano, Evelyne: *La biographe.* Paris 2007.
Bonini, Emmanuel: *La veritable Romy Schneider.* Paris 2001.
Cohen, Georges: *Romy Schneider.* Paris 1988.
Guillou, Sophie: *Romy Schneider.* Paris 2006.
Hermary-Vieille, Catherine: *Romy.* Paris 1986.
Pascuito, Bernard: *La double mort de Romy.* Paris 2002.

Weitere französischsprachige Sekundärliteratur
Binh, N.T./Rabourdin, Dominique: *Sautet par Sautet.* Paris 2005.
Boujut, Michel: *Conversations avec Claude Sautet.* Lyon 1994/2001.
Brialy, Jean-Claude: *Le ruisseau des singes.* Paris 2000.
Douin, Jean-Luc: *Bertrand Tavernier. Biographie.* Paris 1997.
Douin, Jean-Luc: *Tavernier.* Paris 1988.
Guimard, Paul: *Les choses de la vie.* Paris 1967.
Langlois, Gérard: *Claude Sautet. Les choses de sa vie …* Paris 2002.

(Film-)Zeitschriften und Zeitungen (deutsch und französisch)
Frau im Spiegel: *Romy Schneider. Sissi war ihr Schicksal.* Legenden. Nr. 4. 2. September 2004.
L'Avant-Scène: *Les choses de la vie.* Nr. 101. Paris 1970.
L'Avant-Scène: *Max et les ferrailleurs.* Nr. 113. Paris 1971.
L'Avant-Scène: *César et Rosalie.* Nr. 131. Paris 1972.
L'Avant-Scène: *L'important c'est d'aimer.* Nr. 158. Paris 1975.
L'Avant-Scène: *Mado.* Nr. 180. Paris 1977.
L'Avant-Scène: *Une histoire simple.* Nr. 224. Paris 1979.
Positif: *Max et les ferrailleurs.* Nr. 126. Paris 1971.
Positif: *Mado.* Nr. 188. Paris 1976.
Positif: *Une histoire simple.* Nr. 214. Paris 1979.

Positif: *Garde à vue.* Nr. 248. Paris 1981.
Regard Magazine: *Romy Schneider.* Nr. 1. Paris 1992.
Steadycam: *Die Dinge des Liebens. Die Neurosen und Zärtlichkeiten im Kino von Claude Sautet.* Nr. 47. München 2004.
Studio Magazine: *Inoubliable Romy Schneider.* Nr. 234. Paris 2007.

(Alle Zitate aus französischsprachigen Werken wurden vom Autor ins Deutsche übertragen.)

TV-Dokumentationen

1966: *Romy – Portrait eines Gesichts.* (BR). Buch/Regie: Hans Jürgen Syberberg.
1991/2007: *Der Fall Romy Schneider.* (Sat 1/Spiegel-TV). Buch/Regie: Michael Jürgs, Tamara Duve.
1996: *Rosemarie Magdalena Albach, genannt Romy Schneider.* (WDR). Buch/Regie: Claudia Holldack, Christiane Höllger.
1998: *Legenden: Romy Schneider.* (ARD/MDR). Buch/Regie: Michael Strauven.
2004: *Idole: Romy Schneider.* (ZDF). Buch/Regie: Jeremy Fekete.
2007: *History: Die großen Diven.* (ZDF). Leitung: Guido Knopp.

TV-Auftritte in Deutschland

Neues vom Film. ZDF, 8. Mai 1970. (Kino-Sendung von und mit Martin Büttner. Interview mit Romy Schneider zu *Der Swimmingpool*).
Der Stargast. RBB/SFB, 5. Juni 1971. (Henno Lohmeyer im Gespräch mit Romy Schneider und Harry Meyen).
V.I.P.-Schaukel. ZDF, 26. November 1971. (Boulevard-Sendung von und mit Margret Dünser).
Je später der Abend ... WDR, 30. Oktober 1974. (Dietmar Schönherr im Gespräch mit Romy Schneider, Burkhard Driest und Bubi Scholz).
Tausend Lieder ohne Ton. Fernsehfilm. ZDF, 24. Februar 1977. Buch: Claudia Holldack, Christiane Höllger. Regie: Claudia Holldack. (Kurzauftritt Romy Schneiders für ihre Freundin Christiane Höllger).

Spielfilme über Romy Schneider

2008: *Romy.* (ARD/SWR). Buch: Benedikt Röskau. (TV)
2008: *La princesse – Eine Frau wie Romy.* Produktion: Douglas Welbat, Raymond Danon. (Kino)

Theatrographie

John Ford: *Schade, daß sie eine Dirne ist (Dommage qu'elle soit une p...)*. Regie: Luchino Visconti. Premiere am 29. März 1961 am Théâtre de Paris (120 Aufführungen).
Anton Tschechow: *Die Möwe*. Regie: Sacha Pitoëff. (Tournee 1962, 100 Aufführungen).

Ausgewählte Internet-Auftritte zu Romy Schneider

www.romy.de (Deutsches Romy-Schneider-Archiv)
www.romyschneider.heim.at (Österreichische Fanseite)
www.mythos-romy-schneider.de (Deutsche Gedenkseite)
www.romy-schneider.gedenkbuch.info (Deutsches Gedenkbuch)
www.german.imdb.com/name/nm0002769 (Eintrag in Internet Movie Database)
www.wikipedia.org/wiki/Romy_Schneider (Eintrag in Wikipedia)
www.respectance.com/RomySchneider (Gedenkseite, auf der u. a. die französische Original-Studioaufnahme mit Romy Schneider und Michel Piccoli zu *La chanson d'Hélène*, ausgestrahlt am 6. März 1970, als Schwarzweißvideo zu sehen ist)

Diskographie

Prokofjew, Sergei. *Peter und der Wolf*. Erzählerin: Romy Schneider. Herbert von Karajan, Philharmonia Orchestra. Emi Records 1989.
Romy Schneider – Mythos und Leben. Künstlerporträit. Mit Alice Schwarzer und Hannelore Elsner. steinbach sprechende bücher 2000.
Le cinéma de Claude Sautet. Musiques de Philippe Sarde. Universal 2000.
Les choses de la vie / Max et les ferrailleurs. Music by Philippe Sarde. Pema Music 2000.
Portrait Vol. 05. Hildegard Knef: Romy Schneider – Betrachtung eines Lebensweges. Gelesen von Andrea Sawatzki. Roof Music 2007.
Romy Schneider – Zwei Gesichter einer Frau. Hörspiel von und mit Chris Pichler, basierend auf *Ich, Romy*. Mit drei Musiken von Ella Fitzgerald. ORF 2006.

Filmographie

1953
Wenn der weiße Flieder wieder blüht. Buch: Eberhard Keindorff, Johanna Sibelius. Regie: Hans Deppe.

1954
Feuerwerk. Buch: Herbert Witt, Felix Lützkendorf, Günter Neumann. Regie: Kurt Hoffmann.

Mädchenjahre einer Königin. Buch: Ernst Marischka. Regie: Ernst Marischka.

1955
Die Deutschmeister. Buch: Ernst Marischka. Regie: Ernst Marischka.

Der letzte Mann. Buch: Georg Hurdalek, Herbert Witt. Regie: Harald Braun.

Sissi. Buch: Ernst Marischka. Regie: Ernst Marischka.

1956
Sissi, die junge Kaiserin. Buch: Ernst Marischka. Regie: Ernst Marischka.

Kitty und die große Welt. Buch: Herbert Reinecker, Emil Burri, Johannes Mario Simmel. Regie: Alfred Weidenmann.

Robinson soll nicht sterben. Buch: Emil Burri, Johannes Mario Simmel. Regie: Josef von Baky.

1957
Monpti. Buch: Helmut Käutner, Gábor von Vaszary. Regie: Helmut Käutner.

Scampolo. Buch: Ilse Lotz-Dupont, Franz Hoellering, Herbert Reinecker. Regie: Alfred Weidenmann.

Sissi – Schicksalsjahre einer Kaiserin. Buch: Ernst Marischka. Regie: Ernst Marischka.

1958
Mädchen in Uniform. Buch: Franz Hoellering, F. D. Andam. Regie: Géza von Radványi.

Christine. Buch: Pierre Gaspard-Huit, Georges Neveux, Charles Spaak, Hans Wilhelm. Regie: Pierre Gaspard-Huit.

Die Halbzarte. Buch: Hans Jacoby, Fritz Rotter. Regie: Rolf Thiele.

1959
Ein Engel auf Erden. Buch: René Barjavel, Géza von Radványi. Regie: Géza von Radványi.

Die schöne Lügnerin. Buch: Maria Matray, Answald Krüger. Regie: Axel von Ambesser.

Katja – die ungekrönte Kaiserin. Buch: Charles Spaak, Georges Neveux, Hans Wilhelm. Regie: Robert Siodmak.

1960

Die Sendung der Lysistrata. Buch: Fritz Kortner. Regie: Fritz Kortner. (TV)

1961

Boccaccio ʼ70/Der Job (Il lavoro). Buch: Luchino Visconti, Suso Cecchi dʼAmico. Regie: Luchino Visconti.

Der Kampf auf der Insel (Le combat dans lʼîle). Buch: Alain Cavalier, Jean-Paul Rappeneau. Regie: Alain Cavalier.

1962

Der Prozeß (Le procès). Buch: Orson Welles, Antoine Tudal. Regie: Orson Welles.

Die Sieger (The Victors). Buch: Carl Foreman. Regie: Carl Foreman.

1963

Der Kardinal (The Cardinal). Buch: Robert Dozier. Regie: Otto Preminger.

Leih mir deinen Mann (Good Neighbour Sam). Buch: James Fritzell, Everett Greenbaum, David Swift. Regie: David Swift.

1964

Die Hölle (Lʼenfer). Buch: Henri-Georges Clouzot. Regie: Henri-Georges Clouzot. (unvollendet)

Was gibtʼs Neues, Pussy? (Whatʼs New, Pussycat?). Buch: Woody Allen. Regie: Clive Donner.

1965

Halb elf in einer Sommernacht (10:30 P.M. Summer). Buch: Jules Dassin, Marguerite Duras. Regie: Jules Dassin.

1966

Schornstein Nr. 4 (La voleuse). Buch: Jean Chapot, Marguerite Duras. Regie: Jean Chapot.

Spion zwischen zwei Fronten (Triple Cross). Buch: René Hardy, William Marchant. Regie: Terence Young.

1968

Otley. Buch: Dick Clement, Ian la Frenais. Regie: Dick Clement.

Der Swimmingpool (La piscine). Buch: Jacques Deray, Jean-Emmanuel Conil, Jean-Claude Carrière. Regie: Jacques Deray.

1969

Inzest (My Lover, My Son). Buch: William Marchant, Jenni Hall. Regie: John Newland.

Die Dinge des Lebens (Les choses de la vie). Buch: Claude Sautet, Paul Guimard, Jean-Loup Dabadie. Regie: Claude Sautet.

1970

Die Geliebte des anderen (Qui?). Buch: Leonard Keigel, Paul Gégauff. Regie: Leonard Keigel.

Bloomfield. Buch: Wolf Mankowitz. Regie: Richard Harris.

La Califfa. Buch: Alberto Bevilacqua. Regie: Alberto Bevilacqua.

Das Mädchen und der Kommissar (Max et les ferrailleurs). Buch: Claude Sautet, Claude Néron, Jean-Loup Dabadie. Regie: Claude Sautet.

1971

Das Mädchen und der Mörder – Die Ermordung Trotzkis (L'assassinat de Trotsky). Buch: Nicholas Mosley, Masolino d'Amico. Regie: Joseph Losey.

1972

Ludwig II. (Ludwig). Buch: Luchino Visconti, Enrico Medioli, Suso Cecchi d'Amico. Regie: Luchino Visconti.

César und Rosalie (César et Rosalie). Buch: Claude Sautet, Jean-Loup Dabadie, Claude Néron. Regie: Claude Sautet.

1973

Le Train – Nur ein Hauch von Glück (Le train). Buch: Pierre Granier-Deferre, Pascal Jardin. Regie: Pierre Granier-Deferre.

Sommerliebelei (Un amour de pluie). Buch: Jean-Claude Brialy, Yves Simon. Regie: Jean-Claude Brialy.

Das wilde Schaf (Le mouton enragé). Buch: Christopher Frank. Regie: Michel Deville.

Trio Infernal (Le trio infernal). Buch: Francis Girod, Jacques Rouffio. Regie: Francis Girod.

1974

Nachtblende (L'important c'est d'aimer). Buch: Christopher Frank, Andrzej Zulawski. Regie: Andrzej Zulawski.

Die Unschuldigen mit den schmutzigen Händen (Les innocents aux mains sales). Buch: Claude Chabrol. Regie: Claude Chabrol.

1975

Das alte Gewehr (Le vieux fusil). Buch: Robert Enrico, Pascal Jardin, Claude Veillot. Regie: Robert Enrico.

1976

Die Frau am Fenster (Une femme à sa fenêtre). Buch: Pierre Granier-Deferre, Jorge Semprún. Regie: Pierre Granier-Deferre.

Mado. Buch: Claude Sautet, Claude Néron. Regie: Claude Sautet.

Gruppenbild mit Dame. Buch: Aleksandar Petrović, Jürgen Kolbe, Heinrich Böll. Regie: Aleksandar Petrović.

1978

Eine einfache Geschichte (Une histoire simple). Buch: Claude Sautet, Jean-Loup Dabadie. Regie: Claude Sautet.

1979

Blutspur (Bloodline). Buch: Laird Koenig. Regie: Terence Young.

Die Liebe einer Frau (Clair de femme). Buch: Constantin Costa-Gavras, Christopher Frank. Regie: Constantin Costa-Gavras.

Der gekaufte Tod (La mort en direct/Death Watch). Buch: Bertrand Tavernier, David Rayfiel. Regie: Bertrand Tavernier.

1980

Die Bankiersfrau (La banquière). Buch: Georges Conchon, Francis Girod. Regie: Francis Girod.

1981

Das Verhör (Garde à vue). Buch: Claude Miller, Jean Herman. Regie: Claude Miller.

Die zwei Gesichter einer Frau (Fantasma d'amore). Buch: Dino Risi, Bernardino Zapponi. Regie: Dino Risi.

1982

Die Spaziergängerin von Sans-Souci (La passante du Sans-Souci). Buch: Jacques Rouffio, Jacques Kirsner. Regie: Jacques Rouffio.

Personenregister

Bildnachweis

Archiv Volker Schlöndorff: 52. Cinetext, Frankfurt a. M.: 69. Corbis, Düsseldorf: 94 (Georges Pierre / Sygma), 95 (Georges Pierre / Sygma), 100 (Sunset Boulevard). Keystone Pressedienst, Hamburg: 113. ÖBB-Holding AG, Wien: 134. Photo Archiv Schweitzer, München: 54. picture-alliance, Frankfurt a. M.: 30/31 (maxppp), 73 (akg-images), 120 (Schroewig/Silke Heyer), 129 (dpa). StudioX, Limours: 7 (Botti/Stills/Gamma-Eyedea), 42 (Bonnotte/Gamma/EyedeaPress), 49 (Botti/Stills/Gamma-Eyedea). SV Bilderdienst, München: 22 (H. Betzler). Hans-Jürgen Syberberg, München: 122, 123. ullstein bild, Berlin: 3 (KPA), 12, 13 (Thomas & Thomas), 19 (Heinz Köster), 29, 34 (Pollack), 76 (KPA), 79 (KPA), 86, 133 (AP).
Die übrigen Abbildungen stammen aus dem Archiv des Autors.
Umschlagfoto: Rapho/laif. © John Launois

Danksagung

Für ihre Hilfe und Unterstützung, für die Bereitstellung von Materialien und für all die vielen Gespräche möchte ich folgenden Freunden, Kollegen und Institutionen danken:
Isolde Barth, Lars-Olav Beier, Senta Berger, Sarah Biasini, N. T. Binh, Beate Dannhorn (Deutsches Filmmuseum), Burkhard Driest, Klaus Eder, Barbara Feiereis (WDR), Uwe Heldt (Mohrbooks), Christoph Hochhäusler, Barbara Hufnagl (ORF), Micha Kohl, Claudia Korte-Hempel (RBB), Joachim Kreck, Jürgen Labenski (†), Helmut Merker (ehem. WDR), Gerhard Midding, Felix Moeller, Josef Nagel (ZDF), Katja Riemann, Daniela Sannwald, Volker Schlöndorff, Jörg Schneider (ZDF), Steffi Schöbel (ZDF), Claudia Schreiner (MDR), Michael Strauven, Hans Jürgen Syberberg, Siggi Tesche, Margarethe von Trotta, Michael Verhoeven.
Und anderen ...
Und ganz gewiss, last but not least, Julia Ketterer und Thomas Zeipelt sowie Elke Dörr und Christine Groh vom Suhrkamp Verlag. Und meiner Lektorin Nicole Gronemeyer.